Gerald Drews *Festreden* für Beruf und Verein

Gerald Drews

Festreden

für Beruf und Verein

Mit Musterreden für alle Anlässe

**Zum Thema bereits
erschienen:**

Gerald Drews:
Festreden
Von der Geburt bis zum
100. Geburtstag
ISBN 3-332-01188-X

**Heinz Commer,
Lydia Grünther:**
Einladungen – beruflich
und privat
ISBN 3-332-01124-3

Peter Wolff:
Anreden und
Anschriften. Korrekt in
Wort und Schrift
ISBN 3-332-01025-5

**Alexander Freiherr v.
Fircks:**
Veranstaltungen perfekt
organisieren
ISBN 3-332-00533-2

Sybil Gräfin Schönfeldt:
Feste & Bräuche durch
das Jahr
ISBN 3-332-01026-3

Sybil Gräfin Schönfeldt:
Die schönsten Feste
zu Hause feiern
ISBN 3-332-00633-9

Mechthild Aderholz:
Der perfekte
Hochzeitsplaner
ISBN 3-332-01085-9

Andrea Klein:
So gelingt Ihre
Hochzeitszeitung
ISBN 3-332-00531-6

Hajo Bücken:
Das große
Weihnachtsbuch
ISBN 3-33201125-1

Der Autor: Gerald Drews hat bereits über 80 Ratgeber
mit einer Gesamtauflage von 2 Millionen Exemplaren
geschrieben. Seit 1990 leitet er eine Medienagentur in
Augsburg.

Die Deutsche Bibliothek – CIP-Einheitsaufnahme
Ein Titeldatensatz für diese Publikation ist bei
Der Deutschen Bibliothek erhältlich.

www.dornier-verlage.de
www.urania-verlag.de

1. Auflage August 2001
© 2001 Urania Verlag Berlin
Der Urania Verlag ist ein Unternehmen der
Verlagsgruppe Dornier.

Umschlaggestaltung: Behrend & Buchholz, Hamburg
Titelfoto: Bavaria Bildagentur, VCL
Redaktion: Dr. Marianne Jabs, Diane Schöppe
Satz: Typografik & Design
Druck: Westermann Druck Zwickau
Printed in Germany

ISBN 3-332-01243-6

Liebe Leserin, lieber Leser ...

... warum soll unsereins ein Buch über die Rede schreiben, wo doch jemand wie Martin Luther die Sache so einfach auf den Punkt gebracht hat: »Tritt frisch auf, tu's Maul auf, hör bald auf.« Und schon haben wir das Rezept einer gelungenen Rede! Wenns doch wirklich so einfach wäre. Ist es doch bekannt, dass 70 Prozent aller Redner Angst vor dem öffentlichen Auftritt haben. Nun weiß ich nicht, ob Sie auch zu diesen Ängstlichen gehören oder ob Sie nur ein paar Tipps und Tricks von mir erwarten.

Sicher ist sicher, habe ich mir gedacht und für beide »Zielgruppen« jede Menge Stoff in dieses Büchlein gepackt.

Es enthält ein paar ganz kurze Toasts für jeden Anlass, einige mittellange Reden für dies und das und ein paar Ausschnitte aus langen Reden, die beispielhaft aufzeigen sollen, welche besonderen rhetorischen Kniffe professionelle Redner anwenden, um ihr Publikum zu fesseln.

Und falls Sie noch mehr wissen wollen, möchte ich als kleine Werbung in eigener Sache auf mein ebenfalls bei Urania erschienenes Buch »Festreden – von der Geburt bis zum 100. Geburtstag« hinweisen, das noch viele weitere Tipps und Tricks für angehende Redner enthält.

Darüber hinaus je einen Exkurs über die Vorbereitung einer Rede und darüber, wie man mit Pannen und Störenfrieden umgeht.

So. Das alles könnte man eigentlich wiederum in einem einzigen Satz sagen. Ich zitiere Rupert Lay, Jesuitenpater, Schriftsteller und großer Redenschreiber vor dem Herrn: »Die Masse der Zuhörer eines Redners will weder Logik noch Statistik, weder bekannte Namen noch neue Erkenntnisse. Sie will in Bewegung gebracht werden und ergibt sich jedem willenlos, der dies vermag.«

Ich selbst – das bekenne ich freimütig – bin kein »wirklich guter Redner«. Zwar »wortverliebt« und bewandert in allen möglichen rhetorischen Feinheiten, aber gleichzeitig nicht ausgestattet mit dem Charisma, der spielerischen Leichtigkeit und dem Charme, die den »Genies des gesprochenen Wortes« zu Eigen sind. Mal ganz davon abgesehen, dass ich als Mann der Feder fast immer im Hintergrund agiere, weil ich (zum Glück) keine Ämter innehabe, derentwegen ich des Öfteren öffentlich auftreten muss. Da freue ich mich dann lieber über das Lob, das einem Redner zuteil wird, dessen Rede ich in ihren Grundzügen mitverfasst habe.

Machen Sie sich also nicht allzu viele Gedanken, wenn Sie als Rhetoriker von sich selbst auch nach der intensiven Lektüre dieses Buches noch nicht vollständig überzeugt sind.

Konzentrieren Sie sich auf das Wesentliche: So überzeugend, so unterhaltsam und so locker anzukommen, dass man Ihnen anschließend anerkennend auf die Schulter klopft und der Beifall die Marke der wohlwollenden Anerkennung übertrifft.

Glauben Sie mir – schon dieses Ziel ist hoch genug gesteckt. In diesem Sinne: Gehen wir es an! Ich wünsche Ihnen viel Vergnügen und gute Einsichten!

Ihr Gerald Drews

Vielen Dank an meinen Freund Pat Lauer, einen hoch begabten Redenschreiber, für seine intensive Mitarbeit an diesem Buch.

Ich wünsche Ihnen zwar von Herzen, dass es zu einem »Spitzenplatz« reicht, doch wenn nicht: Begnügen Sie sich mit einem Platz auf dem »Hockerl«, überlassen Sie die Goldmedaille den Ehrgeizigeren und denen, deren Job es ist zu reden.

Was einen guten Redner ausmacht

Was macht einen guten Redner aus?
Diese Frage ist wahrscheinlich so alt wie
die Sprache selbst. So hat es bestimmt
auch schon in grauer Vorzeit Menschen
gegeben, die »den Ton angaben« –
vielleicht nicht immer die Kräftigsten
unter den Jägern und Sammlern, aber
zumindest die rhetorisch Geschicktesten.

Seit jeher sieht man wahrscheinlich das folgende Merkmal als entscheidend an, woran rhetorische Qualität gemessen wird: Ein guter Redner darf nicht langweilen.

Zugegeben, diese Erkenntnis ist nicht unbedingt bahnbrechend, und wenn Sie jetzt befürchten, dass ich Sie auch den gesamten Rest dieses Buches mit derartigen Binsenweisheiten abspeisen will, kann ich Sie (hoffentlich) beruhigen. Denn abseits von dieser schlichten Wahrheit gibt es noch jede Menge anderer Regeln und Kniffe, Feinheiten und Tricks, mit deren Hilfe und deren Beherrschung Sie von einem ungeübten zu einem passablen und von einem mittelprächtigen zu einem guten Redner avancieren können.

Reden halten, das können Sie lernen!

Überzeugen muss jeder Redner immer selbst, egal wie eine Rede inhaltlich aussieht. Das bedeutet jedoch nicht, dass jemand an seinem scheinbaren Mangel an Talent verzweifeln muss. Auch ein weniger phantasievoller Redner kann durch Übung, Fleiß und ein paar Grundkenntnisse zu jemandem werden, dem man gern zuhört. Je passabler Sie als Rhetoriker sind, desto höher können Sie mit dem passenden Know-how aufsteigen. Und vielleicht mit den passenden Kniffen zu einem »Giganten des Podiums« werden – einem, dem die Herzen oder zumindest die Gemüter zufliegen, der ebenso gut motivieren und anfeuern kann wie schlichten oder besänftigen.

Beim »Sprechen vor Publikum« bedarf es neben »handwerklichem Geschick«, neben der Beherrschung der eigenen Nervosität, neben der richtigen Wortwahl, Gestik und Korpersprache allerdings auch Talent. Und Talent hat man – oder man hat es eben nicht.

Gespür für das Publikum entwickeln.

Gute Redner sind eine eigenartige Mischung aus selbstbewusster Ich-Bezogenheit und einem oft wundersamen Gespür für andere. Sie können sich am Klang der eigenen Worte berauschen und haben trotzdem ein ungemein feines »Näschen« für das Publikum. Gute Redner sind nie »geschwätzig« – gute Redner sind »wortgewandt«. Gute Redner verlieren sich niemals in ihren eigenen Worten, Sätzen oder fragilen Sprachgebilden, aber sie können sich ganz und gar hineinfallen lassen, darin aufgehen und wieder aufsteigen wie der viel zitierte Phönix aus der Asche.

Gute Redner spielen auf der Gefühlsklaviatur ihres Auditoriums mit der feinfühligen Brillanz der virtuosen Pianisten, erlauben scheinbare Einblicke in die eigene Gedankenwelt und geben dennoch nie zu viel von sich selbst preis. Gute Redner – sind leider rar. Ein paar Anwälte fallen mir ein, ein paar Politiker (die meisten davon sind leider schon tot) und zwei oder drei Vortragskünstler, die ich in 25 Jahren als ansonsten »leidender« Journalist in Pressekonferenzen bewundern durfte. Leidend, da unzählige diese Konferenzen auf Grund hoffnungslos »unterbelichteter« Referenten wirklich eine Qual darstellen, glauben Sie mir!
Dazu fällt mir die (rhetorische) Frage des großen Fernsehmoderators Robert Lembke ein: »Ob sich Redner darüber klar sind, dass 90 Prozent des Beifalls, den sie beim Zusammenfalten ihres Manuskripts entgegennehmen, ein Ausdruck der Erleichterung sind?«

Die richtige Passform für Ihre Rede

Eine gute Planung ist der Grundstein Ihrer Rede.

Für die Form der Rede, für das Gerüst, gibt es Tipps und Tricks, die dem Redner das Leben leichter machen. Hier eine Checkliste, mit der Sie schnell überprüfen können, ob und wie gut Sie für eine Rede gerüstet sind.

- Kennen Sie die Reihenfolge der zu begrüßenden Ehrengäste?
- Wie lauten die korrekten Anreden?
- Wie beginnt Ihre Rede?
- Haben Sie einen Spickzettel vorbereitet oder haben Sie Ihre Inhalte im Kopf?
- Die Uhr nicht vergessen!
- Haben Sie sich Gedanken über das Schlusswort gemacht?

Die optimale Länge

»Die gute Rede hat einen Anfang und ein Ende und einen möglichst kleinen Abstand zwischen diesen beiden«, hat ein kluger Mensch einmal gesagt. In der Tat: Man wird Ihnen in Ihrem Vortrag viel verzeihen, nur kein weitschweifiges Geschwafel. Dabei sollten Sie beachten, dass Redner und Zuhörer meist ein unterschiedliches Zeitgefühl besitzen. Was Sie für kurz und kurzweilig halten, kann Ihre Zuhörer durchaus langweilen. Natürlich ist es ideal, eine derartig spritzige Rede hinzulegen, dass man am liebsten »Zugabe« rufen möchte. Aber wer kann das schon? Doch seine Aufgabe auch zeitlich mit Anstand zu bewältigen, ist ebenfalls kein Zauberwerk, sondern mit ein paar Hilfsmitteln ordentlich zu bewältigen.

Kommen Sie zum Schluss, bevor Ihr Publikum ungeduldig wird!

Hilfsmittel.

Legen Sie Ihre Uhr gut sichtbar vor sich aufs Rednerpult und werfen Sie ab und zu einen Blick drauf. Fünf Minuten sind meistens eine »goldene Spanne«. Weniger ist in vielen Fällen mehr!
Wie reagiert Ihr Publikum? Nehmen Sie Gemurmel, Füßescharren, häufiges Räuspern wahr? Dann wird es Zeit, zum Ende zu kommen.

Je besser Sie Ihr Thema im Griff haben, desto leichter wird es Ihnen jetzt fallen, »auszusteigen«.

Die korrekte Anrede

Überlegen Sie genau, an wen Sie Ihre Rede richten.

Die richtige Anrede hängt von der Art Ihres Publikums ab. Vor einem gemischten Publikum sollten Sie stets »Meine Damen und Herren« verwenden – unabhängig davon, wie gut Sie die Leute kennen. Mit dieser Anrede können Sie am wenigsten verkehrt machen.

Müssen Sie bestimmte Personen namentlich ansprechen, beginnen Sie mit der wichtigsten, z. B. dem Jubilar. Bei einer Ansprache im offiziellen Rahmen halten Sie sich an die Gästeliste und setzen vor jeden wichtigen Namen ein »Sehr verehrte(r) …« oder »Verehrte(r) …« Dies entspricht einer traditionellen Höflichkeitsregel.
Wird die Rede spontan, also ohne Manuskript, gehalten, so gilt: Nur wenn Sie die Anrede so kurz wie möglich halten, vermeiden Sie das Risiko, jemand Wichtigen zu vergessen. Grundsätzlich: Sprechen Sie möglichst langsam. Wenn Sie die Namen zu schnell lesen, könnten Sie für Unruhe sorgen, da

man Ihnen womöglich inhaltlich nicht folgen kann. Außerdem versetzen Sie sich selbst in unnötige Hektik, einmal abgesehen davon, dass es unhöflich ist, eine Namensliste »herunterzurasseln«.

Drei Musteranreden für Feier, Verein und Betrieb

Bei einer privaten oder halb privaten Geburtstagsfeier ist alles noch einfach.

»Lieber Max, liebe Geburtstagsgäste, liebe Freunde ...«

Privat oder offiziell: Der wichtigste Gast wird zuerst begrüßt.

Diese Anrede lässt keine Wünsche offen. Der »Ehrengast« wird an erster Stelle erwähnt, Ihnen womöglich unbekannte Gäste sind berücksichtigt, Freunde und Bekannte mit einbezogen.
Im Verein sieht die Sache schon komplizierter aus. Hierbei gibt es mehrere Möglichkeiten – je nachdem, wie »offiziell« der Rahmen der Veranstaltung ist.

»Sehr geehrter Herr Huber, verehrte Damen und Herren des Vorstands, liebe Vereinsmitglieder ...«
Das ist passend für offizielle Anlässe wie Ehrungen, wobei der erste Vorsitzende namentlich erwähnt wird.

»Liebe Mitglieder des TSV (FC, TSV, der Eintracht usw.) ...«
... kann bei einer offiziellen Wortmeldung verwendet werden, die sich mit Vereinsinterna beschäftigt.

»Liebe Sportskameraden ...«
... empfiehlt sich, wenn Sie selbst und die Mehrzahl der
Zuhörer »aktive« Vereinsmitglieder sind.

»Sehr geehrter Herr Huber, liebe Vorstandskollegen, liebe
Vereinsmitglieder ...«
Diese Anrede wird gewählt, wenn Sie selbst Vorstandsmitglied
sind. Auch hier gilt: Der erste Vorsitzende sollte respektvoll
namentlich erwähnt werden. Wenn Sie ihn duzen, was ja in
Vereinen durchaus üblich ist, kann dies auch in der Anrede so
bleiben.

Der Betrieb hat seine eigenen Gesetze. Die Firmenhierarchie
entscheidet über die Reihenfolge.

Begrüßen Sie auch die Ehe-partner(innen)!

»Sehr verehrter Herr Direktor Leopold, verehrte Frau
Leopold, verehrte Frau Dr. Schultheiss, liebe Kollegen ...«
Die richtige Anrede bei einer betriebsinternen Veranstaltung
ist nicht unbedeutend. Auch hier gilt: Die wichtigsten
Anwesenden werden mit ihren Ehepartnern gleich zu Beginn
begrüßt. Falls »Herr Direktor Leopold« nicht mit seiner Frau,
sondern mit einer unbekannten Schönheit erschienen ist,
sollten Sie diese nicht ausdrücklich erwähnen! Wenn Sie seine
Frau nicht persönlich kennen, erkundigen Sie sich dezent bei
jemandem, der es wissen muss.

Der Redeeinstieg

Setzen Sie alles auf den Einstieg!

Der Einstieg ist der wichtigste Teil Ihrer Rede, denn wenn dieser gut gelingt, sind Sie einen Gutteil Ihres eventuellen Lampenfiebers los und haben die höchste Hürde bereits übersprungen. Um sicher zu gehen, dass nicht nur der Einstieg funktioniert, sondern Sie auch im weiteren Verlauf Ihrer Rede eine gewisse Sicherheit haben, hier eine Checkliste für die Zeit »davor«:

- Suchen Sie bereits vorher nach einem passenden Thema.
- Wenn Sie die Möglichkeit haben, sollten Sie sich einige Stichworte auf einen kleinen Zettel notieren – etwa Namen und wichtige Daten.
- Formulieren Sie den Anfang Ihrer Rede und gehen Sie ihn ein paar Mal im Kopf durch.
- Hören Sie möglichen Vorredner(innen) zu, um Wiederholungen zu vermeiden.
- Sprechen Sie nicht zu schnell.
- Denken Sie an mögliche Fettnäpfchen.

Überraschen Sie Ihre Hörer mit »Teasern« und »breaking elements«!

»Teaser« – abgeleitet vom englischen Verb »to tease« (necken) – sind kleine, möglichst charmant verpackte Elemente, die ein wenig vom gewohnten 08/15-Schema abweichen und damit automatisch mithelfen, die Aufmerksamkeit des Zuhörers zu fesseln.

Wer lacht, hört Ihnen zu!

»Teaser« können alles Mögliche sein:
Etwa ein verfremdetes Zitat – »Wer anderen eine Grube gräbt, fällt selten selbst hinein« oder »Hier stehe ich und kann auch anders« – oder markante Schlagworte wie beispielsweise »gravierend«, »eklatant«, »gigantisch«, »phänomenal« und so genannte »breaking elements«.

»Breaking elements« integrieren die Zuhörer ...

Bei den Letztgenannten handelt es sich um Worte oder Teilsätze, die den gewohnten Ansprache- oder Redestil ironisieren, verfremden oder parodieren und dadurch die Stimmung entkrampfen und lockern können. Der Redner benutzt ein sprachliches Element, das entweder nicht so recht zur Erwartungshaltung des Hörers passt oder sein eigenes Image kurzfristig verändert.

Ein gutes Beispiel dafür ist der folgende Einschubsatz:
»Ich bin mir der Tatsache bewusst – und Sie werden mir sicherlich den Gebrauch dieser Allerweltsfloskel verzeihen –, dass die Situation nicht einfach ist.«

Durch den Einschubsatz mit dem Wort »Allerweltsfloskel« nimmt der Redner sich selbst ein wenig zurück, gibt dem Zuhörer Gelegenheit, Sympathie und Verständnis auszubauen, und bricht gleichzeitig den Ernst des eigentlichen Satzes in angemessen humorvoller und zudem selbstironischer Weise.

... und schaffen Sympathie.

Zudem wird der Hörer sehr direkt angesprochen und bei der Pro-forma-Bitte um Verzeihung auch in die Rede integriert.

Andere Beispiele für »breaking elements« sind:
»Angesichts dieser Zahlen, die ich weder Ihnen noch mir ersparen kann, stellt sich natürlich die Frage ...«

»Ich freue mich – und das dürfen Sie mir abnehmen und wörtlich nehmen –, heute hier sein zu können …«

»Sicherlich ist Ihnen dieser Name ein Begriff – zumindest nach dieser Veranstaltung sollte er es sein, sonst gebe ich meine Zulassung als Redner an der Garderobe ab – …«

Diese Inhalte gehören in Ihre Rede

Bauen Sie Ihre Rede systematisch auf.

Hier ist eine Liste mit Themen, die Sie in fast jede Rede einbauen können und mit deren Hilfe Sie garantiert niemals mit leeren Händen dastehen werden. Wann auch immer Sie gebeten werden, eine Rede zu halten: Machen Sie sich im Kopf anhand der folgenden Themenliste eine Gliederung. Suchen Sie sich maximal fünf der nachfolgend aufgeführten Punkte heraus. Machen Sie sich Notizen auf kleinen Kärtchen. Nummerieren Sie diese Kärtchen und sortieren Sie diese in der richtigen Reihenfolge.

(1)   Grund für die Rede
(2)   Danksagung
(3)   Ihre Beziehung zum Jubilar
(4)   Positive Wesenszüge des Jubilars
(5)   Gratulation, Glückwunsch, gute Wünsche
(6)   Würdigung einer Leistung
(7)   Aufgreifen der Gedanken des Vorredners
(8)   Denkanstoß
(9)   Vorstellung der eigenen Person (z. B. als Kandidat)
(10) Vorstellung einer anderen Person (z. B. als Kandidat)
(11) Positive Stimmung der Veranstaltung
(12) Konkreter Anlass (Situationsbeschreibung/Anekdote)

(13)   Klarstellung oder Berichtigung

(14)   Motivationshilfe

(15)   Verabschiedung

Hier ein Beispiel, wie so etwas in der Praxis aussehen kann. Die Ziffern in Klammern beziehen sich auf die oben aufgeführte Liste und sollen Ihnen verdeutlichen, wie man bestimmte Schwerpunkte setzen kann.

Tipp: Nehmen Sie sich diese Liste zur Hand und überlegen Sie für die eine oder andere Musterrede, die Sie im folgenden Kapitel finden, welche Elemente hier jeweils eingebaut wurden!

Muster:
Sportwart auf der Vereinsfeier des Tennisklubs

Lieber Vorstandsvorsitzender Herr Gernt, verehrte Frau Gernt, liebe Vereinsmitglieder, liebe Freunde!
Fast alles von dem, was unser Vorstand soeben ausgeführt hat, findet meine uneingeschränkte Zustimmung. Allerdings

(7)   sehe ich die Lage unseres Vereins noch etwas positiver als er. Natürlich stimmt es, dass unsere erste Damenmannschaft in

(7)   diesem Jahr den Aufstieg nicht geschafft hat. Leider wird uns

(12)   auch unsere bisherige Nummer eins, Kerstin Tauber, verlassen.

Dir, liebe Kerstin, viel Glück, du warst in den letzten beiden

(6)   Spielzeiten unsere herausragende Sportlerin – und es ist völlig nachvollziehbar, dass du dich verbessern willst. Die Möglichkeiten deines neuen Klubs können wir dir leider nicht bieten.

(5, 15)   Aber unsere guten Gedanken begleiten dich.

Doch wenn wir nun nach vorn blicken, so glaube ich, dass wir die neue Saison durchaus mit viel Optimismus angehen können. Ich denke nur an die sensationelle Verpflichtung unseres neuen Trainers Michael Haag, der immerhin einige

(10) Jahre thüringischer Ranglistenspieler war. Und selbst wenn unsere diesjährige Vereinsfeier nicht zum erhofften Aufstiegsfest geworden ist, so können wir doch stolz sein auf den Zusammenhalt in unserem Verein und auf die ausgezeichnete Arbeit im sportlichen, aber auch gesellschaftlichen Umfeld. Jeder von euch hat hierzu einen

(14) entscheidenden Teil beigetragen. Und weil euch nach diesen vielen Reden sicher allen schon der Magen knurrt, will ich zum Schluss nur noch hoffen, dass unser Fest mindestens genauso gelingen möge wie im letzten Jahr. Lasst es euch

(11) schmecken!

Die wichtigsten Tipps im Überblick

Ehe ich Ihnen einige Musterreden aufführe, möchte ich Ihnen noch einmal eine kleine Übersicht zu den wesentlichsten Inhalten, Elementen und Notwendigkeiten einer Kurzansprache an die Hand geben:

1.

Anrede und Begrüßung folgen festen Regeln.

Beginnen Sie bei der Begrüßung stets mit den wichtigsten der anwesenden Zuhörer. Im Falle einer Würdigung ist dies der/die zu Ehrende – in anderen Fällen sind dies der oder die ranghöchsten/prominentesten Anwesenden.

2. Verzichten Sie eingangs auf Floskeln wie »Ich möchte sagen«, »Man hat mich gebeten, einige Worte ...« oder »Es ist mir eine Ehre (Vergnügen, Auszeichnung usw.), hier vor Ihnen ...« Dies wirkt heutzutage altbacken und devot.

Interesse wecken!

Beginnen Sie lieber mit einem so genannten »Teaser«. Wecken Sie von Anfang an Interesse an den Inhalten Ihrer Rede. Ihr Einstieg könnte ein (auch leicht verfremdetes) Zitat sein, eine interessante Zahl, ein spezieller Gruß, eine humorvolle Danksagung usw.

3. Würzen Sie Ihre Rede mit Humor und Selbstironie. Benutzen Sie eigene Erfahrungen oder Anregungen aus Ihrer Umgebung zur Illustration des Gesagten (»Mein Sohn würde dazu sagen ...«, »Nicht dass ich meiner Verwirrung nicht Herr werde ...«, »Da muss ich meine eigene Fehlbarkeit doch einräumen ...« oder auch »Aus dem Bauch heraus, der, wie Sie erkennen können, in meinem Fall Gewicht hat, kann ich deswegen behaupten ...«)

Humor ist nie verkehrt.

4. Sprechen Sie die Zuhörer ab und an direkt an – vermitteln Sie dem Publikum das Gefühl, ein wichtiger Teil der Ansprache und damit unverzichtbar zu sein. (»Ich erzähle Ihnen sicher nichts Neues«, »Wie Ihnen in diesem Rahmen unzweifelhaft bekannt ist« oder auch »Ich denke, ich sage Ihnen nichts umwerfend Neues ...«)

Das Publikum einbeziehen.

Versuchen Sie, so frei wie möglich zu sprechen. Benutzen Sie das Manuskript nur ab und zu – lassen Sie Ihren Blick lieber durchs Publikum schweifen und nehmen Sie vor allem die »Hauptpersonen« immer wieder ins Visier. Nicht vergessen: Die Rede sollte vorher trainiert werden – da ist der Spiegel im häuslichen Schlafzimmer noch immer ein sehr guter Zuhörer.

5.

Pausen klug nutzen.

Denken Sie an Pausen. Geben Sie dem Auditorium die Gelegenheit, schwierige oder auch humorvolle Passagen zu verdauen und zu verarbeiten. Pausen dürfen jedoch nie aufgesetzt wirken. Eine Pause können Sie zum Beispiel gestalten, indem Sie nach einem Absatz wieder vom Publikum aufs Blatt sehen, die Stirn runzeln, kurz Atem holen. Bitte AUF KEINEN FALL nach einem Scherz ins Publikum grinsen und auf die Lacher warten. Das wirkt doch allzu sehr nach Beifallshascherei.

Ausgestattet mit solchen einfachen »Tricks und Schlichen« und dem Merksatz »Eröffnungen sollen eröffnen und nicht einschläfern« können Sie eigentlich nicht mehr viel falsch machen.

So kommen Sie mit Störern und Pannen zurecht

Reden ist leicht, wenn alles klappt. Wie aber, wenn Sie auf dem Podium stehen und nicht weiter wissen?

Noch schlimmer: Was tun Sie, wenn ein Teil Ihrer Zuhörer gleichgültig, ja feindlich gesonnen ist und während Ihrer Rede zu höhnischem Gelächter, feindlichen Zwischenrufen oder gezielten Störmanövern übergeht?

Diese Vorstellungen können einem Redner gewiss den Schweiß auf die Stirn treiben. Aber keine Angst: Es gibt für jede Taktik eine Gegentaktik. Die wichtigsten wurden hier für Sie zusammengestellt.

Schon seit langer Zeit stellt sich die Frage, was einen guten
Redner ausmacht, und seit langer Zeit werden darüber lange
Abhandlungen verfasst. Die meisten dieser Abhandlungen sind
sich allerdings darin einig, dass der »natürliche Feind« des
Redners stets das Publikum ist.

Das Publikum als potenzieller Gegner?

Wäre kein Zuhörer da, müsste der Sprechende nicht ständig
der Gefahr ins Auge blicken, nicht anzukommen oder sich gar
zu blamieren, dann, ja dann könnte er auftrumpfen, könnte
frei sprechen, »wie ihm der Schnabel gewachsen ist«, und
würde sich – gute Tagesform vorausgesetzt – vielleicht sogar
zu fantastischen rhetorischen Höhenflügen aufschwingen.
Aber ein Redner ohne Publikum ist eben kein Redner – dieses
»Übel«, diese »feindliche Gruppe«, die für unser Lampenfieber,
für Schweiß auf der Stirn und erhöhten Adrenalin-Ausstoß
verantwortlich ist, kann leider nicht ignoriert werden.

Nun aber mal halblang: Es ist ja nicht so, dass Sie mit Ihrer
Rede ums nackte Überleben kämpfen müssen – jedenfalls nicht
im buchstäblichen Sinne. Doch die Bezeichnung »feindliche
Gruppe« kann ihre Berechtigung haben, denn vielleicht ist das
Publikum Ihnen nicht wohlgesonnen.

Beispiele dafür gibts zuhauf. Politiker beispielsweise müssen
ständig damit rechnen, dass zumindest ein großer Teil des
Auditoriums genau der entgegengesetzten Meinung ist wie
der Vortragende. Auch Lehrer, Dozenten, Professoren oder
Vereinsvorsitzende müssen damit leben, mit ihren Reden nicht
immer nur auf eine wohlmeinende Zuhörerschaft zu treffen.
Ihnen drohen sogar Antipathie, Sarkasmus und offene
Feindseligkeit. Denn ein Redner spricht in den seltensten
Fällen allen aus der Seele – Rhetorik in ihrer ursprünglichen

Form ist eine Art der Auseinandersetzung mit Inhalten und beinhaltet viel Überzeugungsarbeit.

Zwischenrufe als Herausforderung an die eigene Rhetorik verstehen.

Reden im Bundestag gelten beispielsweise als Grundstock von Debatten, und Debatten wiederum leben davon, dass unterschiedliche Meinungen und Auffassungen zusammenprallen. Für Sie als Redner bedeutet dies wiederum: Nehmen Sie Kritik – selbst wenn sie laut und störend ist und vielleicht sogar unter die Gürtellinie zielt – möglichst nicht zu persönlich. Betrachten Sie sie eher als eine Art Herausforderung an ihre ureigenen Fähigkeiten.

Was Ihnen bei einer Rede alles passieren kann

Gehen wir an dieser Stelle kurz darauf ein, was Ihnen im Verlaufe einer solchen Rede alles zustoßen kann und beginnen wir mit den selbst zu verantwortenden Pannen.

Sich versprechen. Sie könnten sich beispielsweise versprechen. Eigentlich kein Problem. Sie beginnen das Wort – oder zuweilen auch den Satz – einfach noch einmal. Am besten mit einem kurzen »Entschuldigung« und einem kleinen Lächeln ins Publikum.

Panik, Blackout. Schwieriger wird es dann schon, wenn Sie sich wirklich hoffnungslos verhaspelt haben. Sie finden den Übergang nicht mehr auf Ihrem Manuskript, geraten ins Stammeln, haben buchstäblich vergessen, wie es weitergeht – haben also einen echten Blackout. Sie spüren Röte in Ihr Gesicht steigen und fühlen Schweißperlen auf Ihrer Stirn, Ihre Hände beginnen zu zittern und Ihr Herz fängt an zu rasen. Was – um alles in der Welt – können Sie dagegen tun?

Kurz durchatmen und entspannen.

Regel Nr. 1 lautet: Atmen Sie kurz durch. Sehen Sie einen Moment lang auf Ihr Blatt, sprechen Sie in Gedanken den folgenden Satz: »Bleib ruhig, entspann dich – es könnte schlimmer kommen.« Zugegeben, das klingt im ersten Moment recht lächerlich, aber wenn Sie sich selbst davon überzeugen können, dass es tatsächlich schlimmere Dinge gibt, dass die Situation nicht einer gewissen Komik entbehrt, dann werden Sie binnen weniger Sekundenbruchteile wieder leichter atmen und die Chance haben, den Anschluss zu finden.

Vom Wohlwollen der Zuhörer ausgehen.

Regel Nr. 2 lautet: Beziehen Sie das Publikum mit ein. Vergessen Sie den Gedanken, dass man vor Ihnen nur auf solche Fehler wartet, um sich an Ihrem Versagen zu weiden. Das ist Unsinn. Tatsächlich ist die normale Reaktion eine gewisse peinliche Betroffenheit innerhalb der Zuhörerschaft. Die meisten Menschen werden, sobald sie mit öffentlicher Unsicherheit konfrontiert werden, selbst automatisch unsicher. Geben Sie dem Publikum und sich selbst die Chance, da herauszukommen. Ein Satz wie »Ups – da bin ich jetzt aber ein wenig ins Schleudern geraten« kann wahre Wunder wirken. Er sorgt für ein befreiendes Lächeln innerhalb der Zuhörerschaft, nimmt der Situation die Peinlichkeit, wirbt um Verständnis und Toleranz. Und einer solchen Bitte können sich in einem solchen Moment wirklich nur sehr übel wollende Menschen entziehen.

Kommen wir zu einem weit heikleren Problem – den Störungen von außen. Eine solche könnte sich – schlimmstenfalls – in Tumult (z. B. Trillerpfeifen oder Brüllen) äußern oder aber auch in der wesentlich subtileren Form der

so genannten Zwischenrufe. Wie Sie mit dieser Form der
Störung souverän fertig werden können, verrate ich Ihnen auf
den kommenden Seiten.

So kommen Sie mit Zwischenrufen klar

**Erste Möglichkeit:
überhören.**

Lassen Sie sich nicht gleich vom ersten Zwischenruf
provozieren. Manchmal ist gar keine Reaktion die beste.
Ihre Reaktion muss davon abhängig sein, auf welcher Art von
Veranstaltung Sie sich befinden (eine Geburtstagsfeier dürfte
in der Regel eine wesentlich entspanntere Atmosphäre bergen
als eine Geschäftssitzung).

**Zweite Möglichkeit:
auf wohlgesinnte
Zuhörer bauen.**

Viel hängt davon ab, wie aggressiv oder beleidigend der
Zwischenruf war. Berücksichtigen Sie die Stimmung im
Publikum: Vermuten Sie dort eher Freunde oder zumindest
Zuhörer, die Ihnen wohlgesinnt sind, können Sie durchaus

**Dritte Möglichkeit:
vor feindlichen
Zuhörern die Worte
wägen.**

»frecher« sein. Ist das Gegenteil der Fall, so müssen Sie Ihre
Erwiderung besonders sorgfältig bedenken.
Spontaneität ist gut und schön – sie kann aber auch zum
Bumerang werden.

**Keine Möglichkeit:
den Angreifer über-
schreien.**

Lassen Sie sich nie dazu verleiten, Ihre Stimme über die des
»Angreifers« zu erheben. Denken Sie daran: Sie sind eigentlich
in der besseren Position. Das Publikum ist Ihnen zugewandt.
(Vielleicht haben Sie sogar ein Mikrofon.) Es besteht also keine
Notwendigkeit, diesen Vorteil durch Schreien aufzugeben.

Wenn Sie ein eher unsicherer Redner sind, so sind Zwischenrufe und rhetorische Attacken in der Regel eher lästig.

**Die schönste Mög-
lichkeit: Vorteil aus
dem Angriff ziehen.**

Wenn Sie sich jedoch bereits eine gewisse Sicherheit
angeeignet haben, so können Ihnen Randbemerkungen oder
Zwischenrufe sogar ein neues, rhetorisches Feld erschließen.
Wenn Sie gelernt haben, damit umzugehen, versetzt es Sie in
die Lage, die Stimmung zu Ihren Gunsten zu beeinflussen.

Ein fröhliches »Hört, hört« aus dem Munde eines Zuhörers
ist eigentlich nichts anderes als eine Bestätigung für die gelungene Form und die Inhalte Ihrer Ansprache. Sich dadurch aus
dem Konzept bringen zu lassen wäre unverzeihlich. Dies gilt
auch für Sätze wie »Das glauben Sie doch selbst nicht« oder
»Das musst ausgerechnet du sagen«. In solchen Fällen bietet
es sich an, die Bemerkungen in Ihre Rede einzubeziehen.
Erwiderungen wie »Ich merke schon, dass manche hier mir so
viel Einsicht gar nicht zugetraut haben« oder »Ich glaubs
nicht nur – ich spreche es sogar offen aus«, hinterlassen den
Eindruck von Charme, Lässigkeit und Souveränität.

Diese Möglichkeiten sollten Sie sich nicht durch ein stures
Festhalten an Ihrem ursprünglichen Konzept rauben lassen,
zumal das Publikum dankbar jede Gelegenheit aufgreifen
wird, sich mit einer Führungspersönlichkeit zu solidarisieren.
In der Regel wird der Angreifer dann niedergezischt, wenn er
trotzdem nicht von seinem Vorhaben ablassen will.

**Nehmen Sie
Zwischenrufe nicht
allzu ernst!**

Damit wir uns richtig verstehen: Nicht alle Zwischenrufer
wollen Ihnen »ans Leder« und Sie aus dem Konzept bringen.
Mancher Störenfried versteht sich selbst als Zusatzunterhalter
– will Ihnen mit einem fröhlichen »Hört, hört« sogar Mut
machen und Anerkennung zollen. Andere wiederum wollen
einfach den Clown spielen – meinen es aber nicht böse.

Manche Bekundungen aus dem Auditorium gehen also als liebevoller Zuspruch durch und dürften Sie daher kaum aus dem Konzept bringen.

Als Reaktion empfehle ich Ihnen deshalb ein schlichtes Lächeln in die Richtung des Rufers oder auch eine beruhigende Geste mit der Hand. Sollten Sie sich sogar in der Lage fühlen, Ihre Ansprache kurz zu unterbrechen und dem Rufer direkt zu antworten, so genügt meist sinngemäß ein kurzes »Ja, ja, mein Freund – ich sehe schon: Wir verstehen uns!«

So wehren Sie sich gegen echte Verbalattacken

Soweit zu den positiven, netten oder gar freundlichen Reaktionen. Wesentlich schwerer zu handhaben sind die echten Verbalattacken, die schon so manchen Redner aus dem Konzept brachten und selbst eine kurze Ansprache in ein rhetorisches »Waterloo« münden ließen.

Als berühmte, aber auch berüchtigte Zwischenrufer sind z. B. die großen Nachkriegspolitiker Herbert Wehner und Franz-Josef Strauß in die Geschichte eingegangen. Jeder auf seine Weise paarte beißenden Witz und brillanten Intellekt mit Skrupellosigkeit und Unbarmherzigkeit. Sie konnten Unsicherheit riechen und wussten genau, an welchen Stellen ihr Widerpart besonders verletzlich war und wie sie ihn nachhaltig aus dem Konzept bringen konnten.

Zwischenruf im Bundestag: Wehner und Strauß.

Es klingt zwar nicht sehr nett, doch es waren Männer wie Wehner und Strauß, die den Zwischenruf als »politisches Stilmittel« im Nachkriegsdeutschland etabliert haben.

Angesichts des spröden Charmes der Langeweile, die so manche zeitgenössische politische Ansprache ihr Eigen nennt, muss man ihnen dafür im Nachhinein fast Dank zollen, auch wenn beide Herren zeitlebens wohl mehr Gegner als Freunde hatten. Ich persönlich bedaure, dass es heutzutage im Parlament um vieles langweiliger zugeht als in den sechziger und frühen siebziger Jahren.

Nun will ich an dieser Stelle hoffen, dass Sie bei Ihren Versuchen als Redner nicht auf derart ausgezeichnete Zwischenrufer treffen. Mit dem normalen Zwischenrufer fertig zu werden ist jedoch in aller Regel gar nicht so schwer.

Wichtig: den Gegner schon vor der Rede orten.

Kein Fehler wäre es natürlich, wenn Sie schon, bevor Sie auf dem Podium stehen, ungefähr wüssten, aus welcher Ecke Sie Angriffe und Attacken zu erwarten haben. Wo sitzen Leute, die immer ihren Senf dazugeben müssen? Wer möchte Ihnen schaden oder widersprechen? Wer ist im Lager Ihrer Gegner? Wer hat von Ihrer Rede etwas zu befürchten?

Sieben goldene Regeln für den »Ernstfall«

Was ein Redner mit einem Torwart gemeinsam hat.

Die Antworten auf diese Fragen zu kennen macht den Redner doch um Einiges sicherer. Doch leider offenbart sich so mancher Gegner nicht rechtzeitig, sondern etabliert sich erst während Ihrer Ansprache. Er wartet, lauert auf seine Chance, Sie aus dem Konzept zu bringen und aus der Bahn zu werfen.

Auf den folgenden Seiten präsentiere ich Ihnen nun sieben goldene Regeln, um sich dennoch wacker zu behaupten. Um es ein wenig anschaulicher zu machen, habe ich Überschriften aus dem Leben eines Fußballtorhüters gewählt. Warum? Nun – auch ein Torhüter steht 90 Minuten lang unter einem enormen Druck. Er muss stets auf der Höhe sein, bekommt manchmal nur eine einzige Chance, sich zu bewähren; man erinnert sich viel deutlicher an seine Fehler als an seine gelungenen Paraden, und die Öffentlichkeit misst ihn stets an der »Souveränität«, die er ausstrahlt.

Sie sehen also: Die Parallelen liegen auf der Hand.

1. Die lässig abgefangene Flanke

Geltungsbedürftige Zwischenrufer.

Nichts entnervt einen Fußballstürmer so sehr wie die Erfahrung, dass ein Torhüter immer einen Schritt früher am Ball ist als er. Vor allem, wenn die Flanken ständig vors Tor getreten werden und der Torhüter trotzdem zu ahnen scheint, wohin der Ball geht. Die Stürmer – das sind die potenziellen Zwischenrufer, die in der Regel zwei Absichten haben. Sie wollen den Redner irritieren und sich selbst profilieren.

So stellen Sie den Angreifer bloß.

Vor allem das zweite Motiv können Sie als Torhüter ganz hervorragend für Ihre eigenen Zwecke nutzen. Denn schließlich muss der Zwischenrufer natürlich auch befürchten, selbst blamiert und bloßgestellt zu werden. Wenn er nun aber für seinen Auftritt seinen Mut zusammengenommen hat und Sie ihm seine Grenzen aufzeigen – also den Ball locker wegfangen –, wagt er wahrscheinlich keinen neuen Anlauf. Wie Sie das erreichen können? Ganz einfach: Sie äußern sich lediglich durch Körpersprache. Möglichkeiten dazu gibt es zuhauf, wobei es in der Regel die beinahe sanften, nach-

Reagieren durch Körpersprache.

lässigen, souverän wirkenden Gesten sind, die den meisten Eindruck machen. Viele Menschen neigen dazu, bei Provokationen eine wegwerfende oder gar gereizte Handbewegung zu machen. Doch diese ärgerliche Geste verrät, dass Sie sich getroffen fühlen. Sie bringen sich damit in die Defensive.

Heitere Überlegenheit ist das beste Rezept.

Warum versuchen Sie es stattdessen nicht einmal mit Humor? Machen Sie eine kurze Pause, blicken Sie in Richtung des Stürmers, atmen Sie kurz durch und zwinkern Sie ihm dann mit einem Auge zu. Ein leichtes Lächeln komplettiert den Eindruck der heiteren Überlegenheit und entlarvt den Zwischenrufer als eine Art lästigen Fanatiker, den man nicht ernst nehmen sollte.

Eine andere Möglichkeit ist es, ironisch drohend den Zeigefinger in Richtung des Angreifers zu heben und diese Geste mit einem Lächeln zu begleiten. Dies lässt sich auch umwandeln in ein »verständnisvolles« Kopfnicken in Richtung der Attacke – als würden Sie einen etwas lästigen Bekannten abwimmeln, der Ihnen eine Versicherung aufschwatzen will. Und schließlich und endlich bietet sich auch noch die Mitleidsvariante an: Sie legen den Kopf ein wenig schief, schauen Ihren Gegner einen Moment mit einem mitleidigen Blick an, seufzen kurz und fahren dann in Ihrer Rede fort, als hätte es die Unterbrechung nie gegeben.

2. Der punktgenaue Abwurf

Angriffslustige Zwischenrufer.

Manche Zwischenrufer – nennen wir sie, um im Bild zu bleiben, weiter Stürmer oder Angreifer – sind leider sehr aggressiv und lassen sich kaum von ihrem Vorhaben abbringen. Sie wollen um jeden Preis das Tor schießen, also Sie als Redner unter allen Umständen aus dem Konzept bringen. Ein Torhüter merkt, wenn er zum vierten oder fünften Mal angerempelt wird, genau so wie der Redner aufhorcht, wenn zum vierten oder fünften Mal aus derselben Ecke eine bissige Bemerkung kommt. Doch weder der Torwart noch der Vortragende dürfen jetzt »zurückrempeln«. Denn damit hätte der Angreifer erreicht, was er will: Die Konzentration ist gestört, Ihr Redefluss gebremst oder sogar durchbrochen, und Sie befinden sich plötzlich in einer Verteidigungshaltung.

Gelassen bleiben – wenigstens außen.

Aber wie gelingt es in einer solchen Situation, »cool« zu bleiben? Auch hier hilft wieder das probate Mittel, den Gegner an der Profilierung zu hindern und ihn vielleicht sogar selbst zu blamieren. Beim Torhüter würde das bedeuten: Er fängt den Ball unerschüttert und wirft ihn immer wieder punktgenau zu seinem eigenen Mitspieler – und dies, ohne sichtbare Regungen erkennen zu lassen: Der punktgenaue Abwurf also.

Ein Beispiel: Der Zwischenrufer kritisiert zum wiederholten Mal Ihre Auffassungen mit Rufen wie »So ein Blödsinn!« oder »Sie reden vielleicht einen Stuss!« Möglicherweise steigert er sich – vor allem, wenn Sie bis dato nicht reagiert haben – bis hin zu Provokationen wie »Sie haben doch keine Ahnung, wovon Sie reden!«

Niemals dem Gegner auf gleichem Niveau entgegnen!

Schlagfertige Antworten wie »Ahnungen muss man sich verdienen, und ich kann mir nicht vorstellen, dass Sie irgendetwas verdienen« drängen sich zwar auf und würden auch für den einen oder anderen Lacher sorgen, doch andererseits begeben Sie sich auf das Niveau des Zwischenrufers.

Von einem Redner jedoch wird normalerweise erwartet, dass er die »Contenance«, also die Fassung, behält und nicht ausfallend oder beleidigend wirkt. Viel sinnvoller ist deshalb eine Entgegnung nach dem folgenden Muster: »Wie Sie den lautstarken Zwischenrufen des aufgeregten Herrn auf der linken Seite entnehmen können, gibt es zum Thema verschiedene Meinungen. Ich freue mich daher schon auf die nachfolgende Diskussion, möchte jetzt aber sicher auch in Ihrem Sinne ungestört fortfahren …«

Sie merken: Sie haben den Angreifer auf höchst subtile Weise entwaffnet, ohne ihn direkt angegangen zu sein, und Sie haben »den Ball« sofort weitergeleitet, ohne Ihren Rhythmus zu brechen. Zudem haben Sie dem Publikum die Möglichkeit gegeben, sich der Lächerlichkeit des Schreiers bewusst zu werden. Der »aufgeregte Herr« ist per se keine Beleidigung, wirkt aber auf die anderen durchaus belustigend. Im Klartext: Nicht mehr Sie laufen in der Folgezeit Gefahr, sich lächerlich zu machen, sondern der »aufgeregte« Zwischenrufer.

Die beste Waffe: ein Lächeln.

Sollte Ihr Gegner sich keine Blöße geben, die Sie ausnutzen können, so könnte ein lächelnd vorgebrachter Satz wie dieser Wunder wirken: »Der geschätzte Zwischenrufer im hinteren Teil des Saales kann sich natürlich gern etwas weiter nach vorn setzen. Dann muss er seine Stimme nicht so anstrengen, und ich kann ihn besser verstehen.« Ein solcher Satz outet den Schreier als lästigen Störenfried und dient den Zuhörern als Beweis für Ihre Toleranz und Geduld. Vor allem die Höflichkeit, die in dem Adjektiv »geschätzt« steckt, kann entwaffnend wirken.

3. Der Aufbau einer »Freistoßmauer«

Der unversöhnliche Zwischenrufer.

Um eine »Freistoßmauer« ordentlich aufzubauen, müssen Sie sich klar machen, dass angesichts der Inhalte Ihrer Rede oder auch angesichts der versammelten Zuhörer mit Zwischenrufen und Bemerkungen zu rechnen ist. Wie also stellen Sie Ihre mentale Mauer her? Nun, indem Sie sich einfach entschließen, alle Arten von Rufen einfach zu überhören oder zumindest an sich abprallen zu lassen. Stellen Sie sich bildlich einen Schutzpanzer aus Glas vor, an dem alles abprallt – ähnlich dem dickem Glas eines Polizei-Schildes bei Demonstrationen. Verstärken Sie diese Bastion mit suggestiven Sätzen wie »Du triffst mich nicht!« oder »Das geht mich überhaupt nichts an.«

Schaffen Sie sich einen Schutzpanzer!

Wenn Sie innerlich gefestigt genug sind, die Vorstellung eines solchen Schutzpanzers über den gesamten Zeitraum Ihrer Rede beizubehalten, können Ihnen vereinzelte Zwischenrufer kaum etwas anhaben. Diese mentale Mauer lässt sich übrigens auch im alltäglichen Leben wunderbar ausprobieren. Wenn Sie beispielsweise damit rechnen, in der Amtsstube einer Behörde oder von einem »missgünstigen« Kollegen schräg von der Seite angeredet zu werden, bauen Sie schon im Vorfeld Ihren »gläsernen Wall« ganz bewusst auf. Ist die Situation vorbei, legen Sie ihn wieder beiseite, denn sich dauerhaft auf diese mentale Mauer zu konzentrieren bindet viel Energie.

4. Die beinharte Faustabwehr

Der unfaire Zwischenrufer.

Zugegeben: Manchmal ist es auch für einen Torhüter nicht ganz einfach, die Fassung zu bewahren. Immer wieder spürt er das Knie eines Angreifers im Rücken, immer wieder sieht er sich mit einem Ellenbogen in Gesichtshöhe konfrontiert. Zu gern würde er sich zur Wehr setzen, doch dies könnte bedeuten, dass er die Konzentration auf das Wesentliche verliert.

Nicht aggressiv reagieren!

Auf unsere Situation übertragen bedeutet dies: Auch wenn Sie über viel gesunden Wortwitz verfügen, lassen Sie sich lieber nicht zu schnell in Versuchung führen, es einem Zwischenrufer mit gleicher Münze heimzuzahlen. Wie bereits erwähnt: Als Redner sollten Sie selbst möglichst nie ausfallend oder gar beleidigend werden. Der Grat zwischen der charmant-ironischen Replik und der bösartigen Erwiderung ist furchtbar schmal und unterliegt außerdem den höchst unterschiedlichen Interpretationen des Auditoriums.

Falls es Sie aber dennoch drängt, sich verbal zu wehren, halten Sie es möglichst wie der Torhüter: Bei der Faustabwehr trifft er zwar den Ball, doch dass sein Ellenbogen im Gesicht des Stürmers landet und sein Knie einen zweiten Angreifer in die Magengrube trifft – das kann der Schiedsrichter kaum erkennen. Hauptsache, Sie haben den Ball gespielt.

Verblüffen Sie den Störer, das entwaffnet ihn.

Angreifer, die einem Torhüter zu nahe kommen, sind bekanntlich selbst schuld. Im Rhetorik-Fachjargon nennt sich das »zweisilbiger Kommentar« und sieht beispielsweise folgendermaßen aus: Der Zwischenrufer hat gerade den Satz »Das stimmt doch vorn und hinten nicht!« in den Raum gebrüllt. Statt Ihre eben gemachte Aussage noch einmal zu hinterfragen oder gar zu relativieren, schauen Sie den Zwischenrufer kurz an, legen dabei vielleicht den Kopf noch ein wenig schief, reißen die Augen zu einem übertrieben erstaunten Blick auf und sagen nur »Echt?«

Anschließend behalten Sie ihren Kontrahenten noch einen Moment im Blick, was den Eindruck vermittelt, als warteten Sie noch, dass weitere »wichtige Anmerkungen« kommen. Sekunden später fahren Sie unbeirrt in Ihrer Rede fort.

Es kommt auf Ihre Haltung an, nicht auf Argumente.

Sie können auch in erstauntem und etwas geziertem Ton »Huch!« rufen. Ihr Vorteil: Sie gehen mit keinem Wort auf einen solchen Pseudo-Vorwurf ein und demonstrieren eindrucksvoll, dass Sie sich nicht so leicht in Ihrer Konzentration stören lassen. Außerdem haben Sie die Lacher auf Ihrer Seite. Dass diese Art der Reaktion jeglichen verbalen Sinns entbehrt, muss Sie nicht weiter kümmern: Niemand verlangt von Ihnen, auf böswillige Attacken stets sinnvoll zu antworten.

Weitere Beispiele für die »beinharte Faustabwehr« sind Phrasen wie »Hoppla!«, »Na so was!«, »Jetzt, wo Sie's sagen!«, »Sag bloß!«, »Da schau her!« und Ähnliches.

5. Liebe deinen Angreifer

Der sachliche Zwischenrufer.

Torhüter haben es nicht leicht. Ständig sehen Sie sich mit Menschen konfrontiert, die ihnen Böses wollen, die ihnen den Ball aus jeder Entfernung, bei jeder sich bietenden Gelegenheit ins Tor schießen möchten und die einfach mit allen Mitteln verhindern wollen, dass der Torwart seine Aufgabe zu seiner eigenen Zufriedenheit erfüllen kann. Das ist nicht sehr nett, und dennoch gelingt es guten Torhütern immer wieder, gegnerische Angreifer durch spontane »Zuneigungsbezeugungen« zu entwaffnen. Ein Klaps auf den Rücken, ein Augenzwinkern: Schon ist ein Großteil der Aggressivität verschwunden.

Stimmen Sie dem Störer zu – das kann ihn zum Schweigen bringen.

Als Redner können wir uns dieses Prinzip der scheinbaren Nächstenliebe ebenfalls zu Nutze machen. Das funktioniert mit einer teilweisen Zustimmung, die am ehesten bei sachbezogener, aber unsachlich vorgetragener Kritik funktioniert.

Sie hören zum Beispiel vom Publikum den Ruf »Das sagen doch alle!« Ihre Antwort: »Genau. Das sagen alle, aber genau deshalb dürfte es der Wahrheit auch nahe kommen.« Oder auch: »Richtig. Das sagen alle. Aber wie viele denken daran, was eine solche Aussage in der Praxis bedeutet?«

Das ironische Kompliment.

Ein anderer Trick in der Reihe »Zum Schweigen bringen durch Zustimmung« ist die Möglichkeit des offensichtlich ironischen Kompliments. So könnte Ihr Zwischenrufer zum Beispiel die Bemerkung »Da sollten Sie mal drüber nachdenken!« machen. Sie könnten mit einem »Lob« reagieren: »Ich freue mich immer, wenn sich jemand meinetwegen Gedanken macht, vielen Dank. Sie sollen auch sehen, dass ich Ihren Vorschlag bereits aufgegriffen habe, ohne ihn zu kennen. Deswegen … (und weiter im Text).«

6. Der lange Abschlag

Der unerträgliche Zwischenrufer.

Es ist, wir hatten das jetzt bereits mehrfach, für einen Torwart nicht immer leicht, die Fassung zu bewahren. Vor allem dann, wenn er ständig und immer wieder attackiert, angegangen und provoziert wird. Einem Redner wird das im Lauf der Zeit ähnlich gehen, wenn Zwischenrufe immer wieder ausfallend und beleidigend werden. Die Behauptung »Da stehe ich drüber« klingt zwar gut, kann aber langfristig wohl nur von jemandem mit schier übermenschlicher Willenskraft aufrecht erhalten werden.

Der Torhüter hat in einem solchen Fall die Möglichkeit eines Befreiungsschlages. Er schnappt sich den Ball und drischt ihn weit in die gegnerische Hälfte hinein. Allein der Kraftaufwand für eine solche Aktion verschafft ihm bereits Erleichterung.

Ich gehe an dieser Stelle davon aus, dass Sie bereits einige der vormals erwähnten Methoden probiert haben, den Provokateur in seine Schranken zu weisen, Ihre Bemühungen jedoch fruchtlos geblieben sind. Dies kann mehrere Gründe haben: Vielleicht ist der Störer betrunken oder anderweitig enthemmt. In diesem Fall müssen Sie darauf hoffen, dass der Gastgeber, der Organisator, der Saaldienst oder der Veranstalter Sie von diesem »Ärgernis« erlösen. Eine argumentative Auseinandersetzung ist wahrscheinlich unmöglich.

Zum anderen könnte es aber auch sein, dass der Zwischenrufer sich derart in seine Rolle hineingesteigert hat, dass er weder den Wunsch noch die Möglichkeit hat, sich daraus wieder zu verabschieden. Er ist der Meinung, ein Großteil des Publikums teile seine Auffassung zu Ihrer Rede und sucht nun Zustimmung. Wenn Sie nicht einschreiten, könnte ihm dies sogar gelingen. Wie gehen Sie also dagegen vor?

Machen Sie dem Störer Ihre Grenzen deutlich!

Die beste Methode ist es, eine Grenze zu ziehen. Das bedeutet nicht, dass Sie nun den Beleidigten spielen müssen oder rhetorische Fragen in den Raum stellen wie »Muss ich mir das gefallen lassen?« Antwortet er spontan mit »Ja«, hätten Sie ihm endgültig die Lacher und somit auch das Terrain überlassen. Aber Sie haben andere Möglichkeiten, Ihr Missfallen zum Ausdruck zu bringen, Möglichkeiten, die den anderen entwaffnen.

Einige Beispiele: »Ich habe Ihnen gut zugehört, stelle aber fest, dass Sie dies nicht tun. Ist das wirklich Ihr Stil?« Das wirkt, weil er glaubhaft bleiben will.
»Mit Ihren Einwürfen überschreiten Sie die Grenze zur Beleidigung. Ich habe mir das nun einige Zeit angehört, möchte jetzt aber zu Ende reden.« Damit sagen Sie aus, dass Sie jetzt nicht mehr gewillt sind, sich dies weiter bieten zu lassen. Gleichzeitig ist dies ein Appell an die übrigen Zuhörer, Ihnen weiterhin zuzuhören.

Fordern Sie eine Entschuldigung!

Im Zweifelsfall können Sie sogar sagen: »Ich habe Ihnen keine Veranlassung gegeben, mich persönlich zu beleidigen. Ich erwarte von Ihnen eine Entschuldigung!«

Die Wahrscheinlichkeit, dass sie wirklich erfolgt, ist denkbar gering. Wahrscheinlich müssen Sie eher mit weiteren Angriffen rechnen. Lassen Sie sich nicht inhaltlich darauf ein, sondern fordern Sie noch einmal eine Entschuldigung. Bleibt dies weiterhin erfolglos, können Sie wieder mit der Körpersprache arbeiten: Zucken Sie die Achseln und fahren Sie dann mit Ihrer Rede fort.

Diese Reaktionen sind der besagte »lange Abschlag«: Sie haben sich Luft gemacht, haben Energie aufgewendet, haben Leistung, Einsatz und Wille erkennen lassen. Sie befreien sich damit selbst zumindest für eine Weile vom Druck – überlassen Aufbau und Neuorientierung dem Gegner und hoffen, dass dieser damit nicht mehr so gut zurecht kommen wird.

7. Die Konterattacke

Ihr letztes Mittel gegen unbelehrbare Zwischenrufer.

Torhüter können, wenn sie geistig rege sind, während eines Fußballspiels einen schnellen, präzisen Konter einleiten. Ein präziser Abwurf, ein weiter Tritt des Balls zu einem einsam wartenden Angreifer – das hat schon so manches Mal zum Tor für die eigene Mannschaft geführt und verwandelt den Torwart damit ebenso plötzlich wie unverhofft von einem »passiven Toreverhinderer« zu einem »aktiven Torevorbereiter« – ein ungemein befriedigender Rollentausch.

Dieses Rezept gilt nur, wenn Anderes keine Wirkung brachte.

Für Sie als Redner gilt jedoch, dass diese Form wirklich das letzte Mittel ist, das Sie einsetzen dürfen, um sich gegen die Attacken eines Zwischenrufers oder Provokateurs zu wehren. Voraussetzung ist, dass Sie über eine gewisse Portion Schlagfertigkeit verfügen. Aber Achtung: Ihre Repliken und Konter dürfen nie auf das Niveau des Angreifers abgleiten. Ein »Sie sind doch selber ein Trottel!« verschärft die Situation unnötig: Zum einen besteht die Gefahr eines Tumults, zum anderen sehen Sie sich auch mit dem Risiko konfrontiert, dass Teile des Publikums zu Gunsten Ihres Widersachers Partei ergreifen. Besser geeignet wäre da schon die Erwiderung »Kinderstube ist Glückssache!«, obwohl auch diese Antwort eine gewisse Verletztheit suggerieren könnte. Da kommt es darauf an, wie selbstbewusst und beherrscht Sie kontern.

Keine Gekränktheit zeigen!

Auch rhetorische Fragen wie »Probleme zu Hause?« oder »Mit dem falschen Fuß aufgestanden?« sind möglich, wenngleich ebenfalls nicht ungefährlich. Wenn Sie solche Fragen lächelnd vorbringen, wirken sie gleichermaßen versöhnlich wie entwaffnend. Lassen Sie sich aber nicht dazu hinreißen, Fragen dieser Art zu stellen: »Müssen Sie sich hier so aufführen?« Ein geschickter Störenfried könnte antworten: »Na klar, wo denn sonst?«, und das macht es für Sie schwer, wieder Herr der Lage zu werden.

Wenn gar nichts hilft, können Sie noch zu einer so genannten Unterstellungsfrage greifen. Hier setzen Sie bereits in Ihrer Frage voraus, dass der andere kein Niveau hat. Beispiel: Angriff des Zwischenrufers: »Sie reden doch Blech. Sie Anfänger!« Ihre Erwiderung: »Wie ist das eigentlich, wenn man sich bei allen Menschen unbeliebt macht?« oder auch »Leiden Sie nicht manchmal sehr unter Ihrer nicht vorhandenen Kinderstube?«

Zeigen Sie, dass Sie sich nicht provozieren lassen!

Achtung! Kehren Sie jetzt sofort wieder zu Ihrer Rede zurück, auch um zu demonstrieren, dass Sie dieser Art von Störung längst nicht so viel Bedeutung beimessen, wie es der Angreifer gerne hätte. Eine neuerliche Unterbrechung des Zwischenrufers kommentieren Sie nur noch mit einem Seufzer und einem Achselzucken in Richtung des übrigen Publikums. Damit sagen Sie praktisch: »Von meiner Seite wäre nun wirklich alles gesagt. Bilden Sie sich bitte Ihr eigenes Urteil zu diesem Störenfried!« Spätestens von diesem Augenblick an haben Sie im Normalfall die Mehrzahl Ihrer Zuhörer auf Ihrer Seite, denn eigentlich möchte niemand mit einem stillosen, rüpelhaften Menschen in einen Topf geworfen werden.

Wichtig: Eines dürfen Sie auf keinen Fall tun: Ihre Rede abbrechen. Dies käme einem echten Gesichtsverlust gleich und hinterließe beim Publikum den Eindruck, der Zwischenrufer habe mit seinen Einwürfen Recht.

Der Toast

Der Toast ist die kürzeste Form der Rede. Es handelt sich um einen Trinkspruch, dessen Name von dem alten englischen Brauch rührt, vor diesem Spruch ein Stück Toast in das Glas zu tauchen. Heutzutage genügt es, das Glas zu erheben und einander zuzuprosten. Toasts dauern selten länger als eine halbe bis eine Minute. Mit ein wenig Übung lösen Sie diese Aufgabe problemlos.

Zum Geburtstag des Firmengründers, gesprochen von einem Vorstand

Laudatio auf den
Jubilar.

Mein lieber Herrmann Glaucher, liebe Gäste und Freunde, ich erhebe mein Glas auf einen der hervorragendsten Männer und Unternehmer, die ich je kennen lernen durfte. Herrmann, für mich und viele der hier Anwesenden warst und bist du ein Vorbild, ein Ansporn und eine stete Mahnung zu Ehrlichkeit, Anstand und dem Willen, das Beste zu geben. Ich wünsche dir im Namen unseres Unternehmens und aller seiner Mitarbeiter alles erdenklich Gute zu deinem heutigen Geburtstag.
Auf deine Arbeit, dein Leben und deine kommenden Festtage – auf dein Wohl!

Zur Gründung eines Handwerksbetriebes, gesprochen vom Vater des jungen Meisters

Gratulation zu
handwerklichem
Können und
Unternehmergeist.

Liebe Gäste, Freunde und Förderer dieses heutigen Tages, erlauben Sie mir, mit Ihnen auf das Wohl dieses jungen Unternehmens zu trinken, und erlauben Sie mir bitte auch, meinem Stolz ein bisschen Ausdruck zu verleihen. Mein Sohn Sebastian, aus meiner väterlichen Sicht noch kaum der Schulbank entronnen, hat nicht nur seine Lehrjahre mit Bravour absolviert und sein Gesellenstück mit Meisterschaft bestanden, sondern er hat in den letzten Jahren Erstaunliches geleistet. Ich gratuliere ihm zu seiner Weitsicht, seinem Mut und der Initiative, die uns heute hier zusammengeführt hat. Ich führe dies natürlich auf meine Erziehung zurück. Sebastian, ich wünsche dir und deiner Firma alles Gute. Und ich hoffe, dass deine Hände so tatkräftig bleiben, wie sie heute sind und immer waren. Auf dein Wohl!

Zur Grundsteinlegung eines neuen Firmensitzes, gesprochen von der Inhaberin

Freude und
Zuversicht:
Ein Unternehmen
expandiert.

Meine Damen und Herren,
ich hebe das Glas und möchte damit auf eine neue Ära
anstoßen. Unser altes Haus ist uns zu klein geworden.
Wir verlassen es dennoch nicht gerne, denn es stecken viele
Erinnerungen in diesen Wänden. Doch so wie wir uns
entwickelt haben, so hat sich auch unser Unternehmen
entwickelt. Heute legen wir den Grundstein nicht nur für ein
neues Gebäude, sondern auch für die Erfüllung eines Traumes.
Die Zukunft wird uns neue Herausforderungen und neue
Aufgaben bescheren. Ich bin sicher, wir werden sie meistern.
Auch dafür soll dieser schlichte Stein ein Symbol sein.
Ein Symbol für unsere Zuversicht, ein Symbol für unsere
Hoffnungen, ein Symbol für unseren Stolz. Zum Wohl – und
Dank für Ihre Aufmerksamkeit!

Zum Geburtstag des Inhabers einer Firma, gesprochen von einer Personalvertreterin

Chef-Eigenschaften
hervorheben.

Geehrter Herr Direktor Fröhlich, meine Damen und Herren,
gestatten Sie mir bitte kurz, dass ich mein Glas erhebe und auf
Ihr Wohl trinke. Ich tue das auch im Namen der Belegschaft,
deren Glückwünsche ich hiermit bestellen darf. Sie waren und
sind stets ein angenehmer, offener und herzlicher Chef – wir
hoffen darauf, dass Sie uns noch viele Jahre erhalten bleiben.
Auf Ihr Wohl und alles, alles Gute!

Zum 30. Jubiläum eines führenden Mitarbeiters, gesprochen vom Geschäftsführer

Würdigung einer
Lebensleistung.

Lieber Herr Krause, liebe Kolleginnen und Kollegen, ich möchte, bevor es ans Essen geht, mein Glas erheben und mir selbst und Ihnen gratulieren. Wir feiern heute einen Mann, der es 30 Jahre mit uns ausgehalten hat. Der 30 Jahre seines Lebens in diese unsere Firma investiert hat. Der uns 30 Jahre lang ein Vorbild an Einsatz, Fleiß und Tatkraft war. Und der sich heute womöglich fragt, ob er 30 Jahre seines Lebens verpasst hat.
(Pause – Blick in die Runde)
Nein, liebe Kollegen, nein, lieber Herr Krause. Sie haben in diesen 30 Jahren mehr getan als Ihre Arbeit, weit mehr, als es Ihre Pflicht gewesen wäre. Sie haben uns gezeigt, was Engagement für eine Firma bedeuten kann und bedeuten sollte. Außer unserer Zuneigung ist Ihnen auch noch unser ehrlicher Respekt sicher. Das ist mehr, als manch anderer von sich behaupten kann. Ich hoffe also, dass Sie, wenn Sie heute noch ein Fazit ziehen, zu dem Schluss kommen, dass sich diese 30 Jahre gelohnt haben. Und ich hoffe, es werden noch einige Jährchen mehr werden. Denn verzichten können wir auf Sie – das sage ich Ihnen gleich – leider nicht so bald. In diesem Sinne trinke ich auf Sie, trinke ich auf 30 Jahre und aufs nächste Jubiläum. Prost!

Begrüßungs- und Eröffnungsreden

Begrüßungen sind eine der einfachsten Redeformen. Letztlich bedarf es nur einiger weniger gut gewürzter Zutaten, um dem Redner Sympathie und Aufmerksamkeit zu sichern: Höflichkeit, Humor und so genannte »Teaser«.

Begrüßungsrede eines Kommunalpolitikers auf einer Pressekonferenz

Sehr geehrte Damen und Herren,
vielen Dank, dass Sie unserer Einladung gefolgt sind. Ich darf
Ihnen unsere Runde kurz vorstellen: Zu meiner Rechten sitzt
Herr Baureferent Wolfgang Wagenhauer, zu meiner linken
Frau Isolde Brenner, zuständig für die Öffentlichkeitsarbeit
der Stadt Röbelhorn. Mein Name ist – wie die meisten ja wohl
wissen – Burkhardt Beil. Ich bin Bürgermeister dieser schönen
Stadt.

Vorstellung der Anwesenden und direkte Ansprache.

Bevor Sie in wenigen Augenblicken die Gelegenheit bekom-
men, Ihre Fragen loszuwerden – und ich bin sicher, wir wer-
den Ihnen die nötigen Antworten geben können –, gestatten
Sie mir einige einleitende Worte.
Wir haben uns zu dieser Pressekonferenz entschlossen, um die
Vorgänge, um die es hier geht, so transparent wie möglich zu
machen. Die Zeit der Mauscheleien hinter verschlossenen
Rathaustüren gehört in Röbelhorn schon seit längerem der
Vergangenheit an, und in einer Situation wie dieser kommt ein
Rückzug in die alten deutschen politischen Gepflogenheiten
für mich nicht in Frage. So werden Sie jetzt also alle Informa-
tionen bekommen, die Sie für Ihre Berichterstattung benötigen
– im Gegenzug hoffe ich, dass Sie unserer Darstellung der
Sachlage den gebührenden Raum einräumen und das Feld der
Spekulationen nicht noch weiter öffnen.

Appell an Respekt und Fairness.

Danke für Ihre Aufmerksamkeit. Ich möchte Sie nun bitten,
unter Nennung Ihres Namens und Ihres Mediums beziehungs-
weise Ihrer Redaktion mit Ihren Fragen zu beginnen …

Inhalt: Motivation

Ort: Konferenzsaal

Zeitpunkt: Eröffnung

Zeit: ca. 2 Minuten

Verwendung

eines Zitats als Rede-

einstieg.

Begrüßungsansprache einer Geschäftsführerin anlässlich einer Krisensitzung des Unternehmens

Sehr geehrte Damen und Herren, liebe Kolleginnen und Kollegen,
die Lage ist ernst, aber nicht hoffnungslos.
(Pause, Blick in die Runde)
Ich bin sicher, Sie haben diesen Satz schon das eine oder andere Mal gehört. Ich weiß allerdings nicht genau, inwieweit sich alle hier über die Lage wirklich im Klaren sind.

Beschreibung der

Situation.

Wir werden in den kommenden Minuten versuchen, die Situation so genau wie möglich zu umreißen, und Lösungswege erarbeiten. Eine Krise ist immer erst dann eine Bedrohung, wenn wir zulassen, dass diese Krise uns die Fähigkeit zum Denken raubt. Ich bin jedoch der Überzeugung, dass alle hier Anwesenden diese Fähigkeit nicht verloren haben.

Dennoch halte ich ein paar mahnende Worte für angebracht: Lassen Sie uns bitte auf emotionale Bekenntnisse verzichten. Schuldzuweisungen mögen zuweilen notwendig und nützlich erscheinen – momentan sind sie es nicht. Stattdessen erwarte ich von jedem Einzelnen von Ihnen eine möglichst präzise Schilderung der Situation in seinem Verantwortungsbereich. Und wenn wir diese Bestandsaufnahme durchgeführt haben, hoffe ich auf ein kollegiales Miteinander, um die nächsten Schritte gemeinsam planen zu können. Denken Sie bitte daran: In der Kürze liegt die Präzision. Daher bitte keine langen Monologe.
Danke für Ihre Aufmerksamkeit. Ich darf das Wort gleich an die Abteilung XY und damit an Frau Petersen weitergeben.
(Blickkontakt und Nicken zu Frau Petersen)

Eröffnungsrede der Bilanzpressekonferenz eines Unternehmens durch die Pressesprecherin

Inhalt: Begrüßung, Ausblick
Ort: Empfangssaal
Zeitpunkt: Beginn
Zeit: ca. 2,5 Minuten

Humorvolle Begrüßung der Presse.

Sehr geehrte Damen und Herren von den Medien,
vielen Dank, dass Sie unserer Einladung zur heutigen Bilanzpressekonferenz so zahlreich gefolgt sind. Eigentlich müsste
mich das in eine besorgte Stimmung versetzen, denn normalerweise gilt ja die Formel: Je mehr Journalisten vor Ort sind,
desto größer ist die Katastrophe.
Da ich aber zuverlässig weiß, dass wir Ihnen heute keine
Katastrophe servieren werden und auch die Feuermelder in
diesem Raum anstandslos funktionieren, sehe ich der
kommenden Stunde gelassen entgegen. Bevor wir zu den so
genannten »harten Facts« kommen, darf ich Ihnen noch
unsere wunderbar weichen Butterbrezeln ans Herz legen. Bitte
greifen Sie zu! Wenn Sie außer Kaffee oder Mineralwasser
einen anderen Getränkewunsch haben, zögern Sie bitte nicht,
dies einem der anwesenden Herren des Sekretariats
mitzuteilen.
(Pause)

Erläuterung des Konferenz-programms.

Meine Damen, meine Herren – wir haben Sie heute
eingeladen, um Sie mit Zahlen zu bombardieren. Zahlen sind
ja bekanntlich durchaus heikel. Manchmal werden sie in einer
derartigen Fülle benutzt und in einem derartigen Tempo
verbreitet, dass sie eher der Verschleierung als der
Transparenz dienen. Dieser Eindruck soll hier und heute gar
nicht erst entstehen. Deswegen darf ich Sie schon im Vorfeld
ausdrücklich zum Einhaken und Zwischenfragen ermuntern,
wenn Ihnen etwas nicht klar ist oder nicht nachvollziehbar
erscheint.
(Pause)

Vorstellung der Anwesenden.

An dieser Stelle darf ich Ihnen kurz die Damen und Herren an dieser Seite des Tisches vorstellen. Rechts neben mir *(Blick nach rechts, leichte Handbewegung)* hat Herr Direktor Bause Platz genommen, der Ihnen im Folgenden die Gesamtbilanz vorstellen wird. Zuständig für die Ergänzungen zu den Aktiva ist Frau Lingner – in unserem Hause verantwortlich für Disposition und Einkauf *(Blick und Geste nach links)* – und über die Passiva wird Sie unser Prokurist, Herr Deinzelhofer informieren.
(Pause – Blick in die Runde)
Nun würde ich sagen, gehen wir in medias res – bitteschön *(Blick nach rechts)* … Herr Direktor Bause.

**Inhalt: »good news«
Ort: Halle
Zeitpunkt: Beginn
Zeit: ca. 4 Minuten**

Eröffnungsansprache des Pressereferenten bei der Jahreshauptversammlung eines erfolgreichen Unternehmens

Gut gelaunte Einstimmung.

Sehr geehrte Damen und Herren, liebe Aktionäre, es gibt Pflichten, die werden zur reinen Freude. Eine solche obliegt mir heute, denn ich bin von unserem Geschäftsführer Dr. Karl Gäbler damit beauftragt worden, Sie zu begrüßen und Sie auf die kommenden Minuten und Stunden einzustimmen. Nichts leichter als das, denn ich habe keine – absolut keine – schlechten Nachrichten für Sie.
Natürlich haben Sie den Kurs unseres Konzerns im Verlauf des vergangenen Jahres verfolgt. Natürlich sind Sie über die Entwicklung unserer Aktie auf dem Laufenden, denn schließlich gehören Sie ja als Aktionäre zu den Miteigentümern dieser Firma, und zu dieser Eigenschaft und zu dieser Entscheidung darf ich Ihnen heute gratulieren.

Ein Vergleich stellt das Unternehmen als sicher heraus.

Gut – es gibt selbstverständlich Branchen und Firmen, in denen das Wachstum noch ein bisschen dynamischer verlaufen ist als in der unseren. Es gibt und gab immer wieder börsennotierte Einsteiger, die eine 100-, 200-, ja 500-prozentige Rendite ihrer Wertpapiere vermelden konnten und können. *(Pause)*
Aber wie lange? Die Namen sind zum Teil heute schon Geschichte – lediglich noch eine Erinnerung in den Archiven der Pressevertreter, denn es gibt an der Börse bekanntlich keinen Boom, der nicht irgendwann einmal zum »Boomerang« wird. Nein – wir werden Ihnen heute keine märchenhaften Zahlen präsentieren können, sondern die solide Erfolgsbilanz einer Aktie im spürbaren Aufwind. Wir beglückwünschen Sie zum Kauf eines Wertpapiers, das Ihr Vermögen dynamischer als jeder Bausparvertrag und solider als jeder Investmentfond vermehrt und auf das Sie sich auch im kommenden Jahr uneingeschränkt verlassen können. Für uns ist das ein Grund zur Freude. Und ich denke, für Sie ebenfalls.

Ausführlicher Dank an die Aktionäre.

Bevor ich das Wort an unseren Geschäftsführer Dr. Gäbler übergebe, darf ich mich im Namen der gesamten Geschäftsleitung und aller Mitarbeiterinnen und Mitarbeiter bei Ihnen bedanken. Bedanken für Ihre Entscheidung, in unseren Konzern zu investieren, Danke für Ihr Vertrauen und Danke für Ihre moralische und tatkräftige Unterstützung.
Für Kritik, Anregungen, Verbesserungsvorschläge und Wünsche werden wir auch in Zukunft immer ein offenes Ohr haben – egal, was Sie uns auch zu sagen haben. Ich darf mich nun für Ihre Aufmerksamkeit bedanken, wünsche Ihnen einen angenehmen Tag in unserem Haus und übergebe das Wort an Herrn Dr. Gäbler – ich darf Sie zum Pult bitten.

Inhalt: Beschwichti-
gung, Ermunterung
Ort: Saal
Zeitpunkt: Beginn
Zeit: ca. 4 Minuten

Einstieg: passendes
Zitat.

Eröffnungsrede der Öffentlichkeitsbeauftragten bei der Jahreshauptversammlung eines krisengeplagten Unternehmens

Sehr geehrte Damen und Herren, liebe Aktionäre,
»ich stehe hier – ich kann nicht anders«: So soll es dereinst ein
gewisser Martin Luther gesagt haben, und ich mache mir
heute diesen Satz eines großen Mannes einfach mal zu Eigen.
Denn ich erzähle Ihnen sicher nichts Neues, wenn ich Ihnen
sage, dass unser Unternehmen ein schwieriges Jahr hinter sich
hat.

Einleitung: Rückblick.

Sie haben schon im Vorfeld der heutigen Veranstaltung
zahlreiche Fragen an uns gerichtet, zahlreiche Wünsche
geäußert und sind etliche Beschwerden losgeworden. Dies ist
verständlich, denn der Kurs unserer Aktie hat sich in den
vergangenen zwölf Monaten nicht so entwickelt, wie Sie und
wir es erwartet und erhofft hätten. Aktien aber – und damit
erzähle ich Ihnen wiederum nichts umwerfend Neues – sind
bares Geld. Wenn Sie fallen, dann verlieren diejenigen, die sich
zu ihrem Kauf entschlossen haben, dieses Geld. Und bei Geld
hört der Spaß bekanntlich auf.

Zuversicht durch
Offenheit.

Meine Damen und Herren Aktionäre! Auch für uns hat der
Spaß aufgehört. Wir wollen Sie in den kommenden Stunden
über die Gründe des Kursverfalls ins Bild setzen – so offen
und umfassend, wie das nur möglich ist. Unsere
Geschäftsleitung wird Ihnen im Zuge der auf der Einladung
vermerkten Spielregeln ausführlich Rede und Antwort stehen,
und wir werden versuchen, die Situation der Firma so
transparent wie möglich zu gestalten.

Ausblick: verhaltener Optimismus.

Lassen Sie mich aber eines vorweg klarstellen: Die Lage ist ernst, aber sie ist nicht so verzweifelt, wie manche Medien sie gerne darstellen. Es gibt sehr gute Gründe für Zuversicht und steigendes Selbstbewusstsein. Es gibt viel Licht am Ende des Tunnels, und es gibt Lösungsansätze, Ideen und Innovationen, die hoffentlich auch Ihre Zustimmung finden werden.

(Pause)

Aktien sind ja bekanntlich höchst sensible Papiere – der Schnupfen eines Geschäftspartners in Hongkong kann zum Infarkt eines Zulieferes in Malaysia führen, und dies wiederum bedeutet urplötzlich ein Minus von etlichen Punkten in Frankfurt.

Über plötzliche Niesanfälle, Infarkte, Intensivstationen und auch über Therapien und Rehabilitationsmaßnahmen wird Sie nun unser Geschäftsleiter Heribert Kreuz höchstpersönlich ins Bild setzen – ich danke für Ihre Aufmerksamkeit.

Begrüßung zum Aschermittwochs-Fischessen durch den gastgebenden Gastronomen

Inhalt: Willkommen
Ort: Stadthalle
Zeitpunkt: Vor Eröffnung des Büfetts
Zeit: ca. 2 Minuten

Sehr geehrte Damen und Herren, liebe Freunde,
in Bayern sagt man, dass alles, was zum dritten Mal stattfindet, bereits als Tradition gilt. So gesehen, können wir schon von einer alten Tradition sprechen. Denn ich lade Sie bereits zum siebten Mal zum Fischbüfett ein.

Verweis auf eine landestypische Tradition.

Ich gebe gern zu: Mein Freund Heinz Raab und ich hätten niemals erwartet, wie beliebt diese Veranstaltung einmal werden würde, als wir die Idee hierzu aufgegriffen haben. An dieser Stelle möchte ich – wenn auch mit einiger

Verspätung – noch einmal daran erinnern, dass der liebe
Heinz vor kurzem seinen 70. Geburtstag gefeiert hat. Und ich
denke, wir sind alle sehr froh, dass du, lieber Heinz, auch
gesundheitlich wieder auf der Höhe bist.

Dank an die Gäste.

Ich bin stolz darauf, dass Sie, liebe Gäste, auch heute wieder
so zahlreich erschienen sind. Der Andrang auf unser Büfett
übertrifft von Jahr zu Jahr mehr unsere Erwartungen. Daher
ist es uns besonders wichtig, Ihnen diesen festlichen,
einigermaßen intimen Rahmen zu erhalten.
Ich hoffe daher, Sie fühlen sich auch heute wieder wohl bei
uns. Nun wünsche ich Ihnen viel Vergnügen, gelungene
Gaumenfreuden und anregende Gespräche.

Viel Spaß auch mit der musikalischen Untermalung, für die
wieder Tim Rüttgers und seine »Shotguns« sorgen.
Danke, dass Sie da sind. Lassen Sie es sich schmecken!

Begrüßungsrede des Meisters an die neuen Auszubildenden

Inhalt: Vorstellung, Ausblick
Ort: Betriebsgelände
Zeitpunkt: Erster Ausbildungstag
Zeit: ca. 3 Minuten

Vorstellung und Übergang zum Du.

Guten Tag, meine Damen und Herren, meine lieben jungen
Kollegen,
ich darf mich Ihnen kurz vorstellen: Mein Name ist Klaus
Eder, und Sie werden in den kommenden drei Jahren in erster
Linie mit mir das Vergnügen haben. Ich hoffe jedenfalls, dass
es ein Vergnügen sein wird. Denn ich bin euer Ausbildungs-
leiter. Da wir täglich miteinander zu tun haben werden, gehe
ich gleich zum Du über. Ich hoffe, das ist euch recht.
Es freut mich, dass ihr euch für diesen Betrieb entschieden

habt und ich denke, ihr werdet es nicht bereuen. Meine
Freude geht aber nicht so weit, dass ich darüber vergesse, was
wir in den kommenden Jahre zu tun haben.

Arbeitsprogramm der nächsten Jahre.

Aus meiner Sicht sieht das so aus: Ich muss euch zum Lernen
und Arbeiten bringen und zwingen, ich darf euch keine
Nachlässigkeiten, Schlampereien oder Pfusch durchgehen
lassen, ich muss eure Anwesenheit überprüfen, eure
Leistungen in der Berufsschule und eure Einstellung zum
Betrieb und zur Arbeit ganz allgemein.

Funktion des Ausbilders.

Und schließlich und endlich muss ich am Ende eurer Aus-
bildungzeit eine Empfehlung aussprechen, wer von euch
übernommen wird und von wem wir uns eventuell trennen
müssen. Ihr seht also – ich habe nicht unbedingt den ein-
facheren Part von uns allen.

Hilfsangebot. Optimismus.

Andererseits bin ich garantiert kein Unmensch. Ich werde
nichts Übermenschliches von euch verlangen und die Tage, an
denen ein Lehrling noch tagein, tagaus die Werkstatt fegen
durfte, sind auch bei uns vorbei.
Eure Ausbildung ist abwechslungsreich und spannend und
wenn ihr sie mit dem notwendigen Ernst und dem hoffentlich
vorhandenen Interesse betreibt, qualifiziert ihr euch für
höhere und vor allem besser bezahlte Aufgaben.

Und, bevor ich es vergesse, möchte ich euch gleich heute ein
Angebot machen, das ich für sehr entscheidend halte: Egal,
welches Problem ihr bei der Arbeit oder in der Berufsschule
habt: Meine Tür ist immer für euch offen. Probiert es aus.
In diesem Sinne: Einen schönen Anfang!

Inhalt: Vorstellung
Ort: Foyer o. ä.
Zeitpunkt: Nach der
Vorstellung durch
den Vorredner
Zeit: ca. 4 Minuten

Vorstellung,
berufliche Herkunft.

Die »Neue« sagt ein paar Worte zum Einstand

Sehr geehrte Geschäftsleitung, sehr geehrte Damen und
Herren, liebe Kolleginnen und Kollegen,
gestatten: Ich bin die Neue. Sie werden in den kommenden
Monaten und Jahren noch ziemlich viel und oft mit mir zu tun
haben, und deswegen möchte ich mich an dieser Stelle einfach
mal vorstellen, damit Sie sich ein Bild von meinem Werdegang
und meiner Person machen können.
Wie mein Vorredner schon erwähnt hat, ist mein Name
Sieglinde Bauer. Ich bin 38 Jahre alt, verheiratet und stolze
Mutter zweier wohlgeratener Söhne. Bis vor wenigen Tagen
war ich als Vorstand mit dem Zuständigkeitsgebiet Finanzen
im Naumüller Verlag tätig und habe mich nun entschlossen,
eine neue Herausforderung in neuer Umgebung anzunehmen.
Ich darf mich an dieser Stelle zunächst für die freundliche Auf-
nahme bedanken, die man mir zuteil werden ließ. Ich werde
natürlich versuchen, Ihren Erwartungen gerecht zu werden.

Würdigung des
Vorgängers.

Ich kann Ihnen versichern, dass ich mich mit meiner ganzen
Erfahrung und mit viel Elan in die neue Aufgabe stürzen
werde, doch das ist ja ohnehin das Mindeste, was Sie von mir
erwarten können. Darüber hinaus kehren neue Besen
bekanntlich nicht immer besser als die alten, vor allem, weil
die alten angeblich viel besser wissen, wo der versteckte
Schmutz liegt. Doch zumindest kehren neue Besen anders.
Im Klartext bedeutet dies, dass ich die Leistung meines
Vorgängers enorm hoch einschätze, dass ich aber natürlich
einige Dinge in meinem direkten Arbeitsumfeld verändern
werde. Das ist einfach eine Frage des persönlichen Stils, den
Sie mir sicher zubilligen werden.

Teamarbeit als Erfolgsgrundlage.

In diesem Zusammenhang darf ich Ihnen jedoch versichern, dass ich ein höchst kommunikativer Mensch bin. Veränderungen, sofern sie nötig sind, werden bei mir nicht im Alleingang entschieden, sondern ausführlich besprochen. Teamarbeit ist für mich nämlich einer der wichtigsten Begriffe in meinem Berufsleben. Denn wenn es eine Erfahrung gibt, die ich im Zuge meiner bisherigen Laufbahn gemacht habe, dann die, dass ein Unternehmen nur dann reibungslos funktioniert und erfolgreich arbeitet, wenn alle an einem Strang ziehen.

Führungsstil.

Ich werde also versuchen, meine Mitarbeiter und Mitarbeiterinnen so zu behandeln, wie ich es auch von ihnen erwarte: Fair, respektvoll und immer gesprächsbereit. Wenn ich den Worten, die zu meinem Abschied beim Naumüller Verlag gesprochen wurden, Glauben schenken darf, so bin ich eine unkomplizierte und einigermaßen angenehme Vorgesetzte. Ich hoffe, diesem Ruf hier gerecht zu werden. Dass Sie mir die Chance dazu geben, davon gehe ich aus. Also: Packen wirs gemeinsam an!

Reden zur Vernissage

Vernissagen werden immer wichtiger.
Sie sind gesellschaftliche Drehscheiben,
sie dienen als Möglichkeit der Begegnung
der verschiedensten Welten. Kunst und
Wirtschaft, Denken und Handeln, Geber
und Nehmer treffen aufeinander – wie
auch immer man es sehen mag.
Deshalb hier zwei Eröffnungsreden zu
einer Vernissage aus unterschiedlichen
Sichtweisen.

Begrüßungsansprache des Gönners (Mäzens)

Sehr geehrte Damen und Herren, liebe Freunde der Kunst,
Kunst ist ein schwieriges Thema, über das man unglaublich
schwierige Dinge in unglaublich schwieriger Form sagen kann.
(Pause – Blick in die Runde)
Entdecke ich da einen leichten Anflug von Sorge in Ihren Ge-
sichtern? Keine Angst, ich will – und vor allem: ICH KANN –
nichts wirklich Schwieriges sagen, denn ich liebe zwar die
Kunst, aber ich maße mir nicht an, ein Experte zu sein. Allerdings glaube ich durchaus, ein Talent als solches erkennen,
würdigen und fördern zu können.

Selten hatte ich weniger Zweifel als bei dieser jungen Künstlerin, die ich Ihnen heute voller Stolz präsentiere. Mareike Wil-
helms Bilder haben eine Eigenschaft – bitte hängen Sie jetzt
nicht an meinen Lippen, sondern lassen Sie die Blicke im
Raum ein wenig schweifen – eine Eigenschaft, die nur wenige
Bilder für sich reklamieren können. Sie binden, sie fesseln, sie
faszinieren das Auge des Betrachters.

Mir ist bewusst, dass dies für Kunstkritik noch kein ernst zu
nehmender Ansatz ist, doch stehe ich hier nicht als Kritiker,
sondern als Bewunderer. Für mich ist das Schönste, was man
über ein Bild sagen kann: »Ich kann mich daran einfach nicht
satt sehen«, und so geht es mir mit diesen Bildern.

Beim Schlendern durch diese Ausstellung werden Sie Farben
und Formen entdecken, die Ihnen gleichermaßen exotisch wie
vertraut vorkommen. Sie werden Linien und Winkel sehen,
die das Fremde mitten in den Alltag hineinversetzen. Ob es

Ihnen gefällt, wage ich nicht zu prognostizieren, denn
Geschmäcker sind bekanntlich höchst verschieden. Doch dass
diese Werke Sie auf die eine oder andere Art ansprechen oder
berühren – dessen zumindest bin ich mir sicher.
Ich wünsche Ihnen einen schönen Abend, hoffe, dass Sie sich
von der Ausstrahlung dieser Bilder ebenso einfangen lassen
wie ich, und danke für Ihre Aufmerksamkeit.

Künstlerin bedankt sich bei Gästen und Sponsoren

Inhalt: Dankesworte,
Vorstellung der
Ausstellung
Ort: Galerie
Zeitpunkt: Beim Sekt
Zeit: ca. 3 Minuten

Sehr geehrte Damen und Herren, geehrte Pressevertreter, liebe
Gäste und Freunde,
ich darf Sie alle noch einmal herzlich willkommen heißen zu
meiner Ausstellung mit dem Titel »Liebes Leben«. Zu meinen
Bildern möchte ich an dieser Stelle nicht allzu viel sagen – ich
denke, der Künstler – oder in meinem Fall: die Künstlerin –
selbst ist der schlechteste aller Kritiker.

Kommentar zum
Titel der Ausstellung.

Der Titel meiner Ausstellung spricht für sich. Es geht um die
Liebe, um das Leben, um das liebe Leben, um das Liebesleben
– kurzum: Es geht um Dinge, die wir alle gut kennen. Im
Guten wie im weniger Guten.

Ausführlicher Dank
an Sponsoren.

An dieser Stelle möchte ich mich bei all denen bedanken, die
so sehr an mich geglaubt haben, dass diese Ausstellung
überhaupt möglich wurde.

Zunächst gilt mein Dank natürlich Herrn Gruber, dem
Geschäftsführer der Sparkasse, in deren Räumlichkeiten wir

uns hier befinden. Ich habe Herrn Gruber als warmherzigen Menschen kennen gelernt, der darüber hinaus auch noch einen Sinn für Kunst besitzt – eine heutzutage leider sehr selten gewordene Kombination.
Bedanken möchte ich mich auch bei meinen Sponsoren und Gönnern, die ich jetzt gar nicht alle namentlich aufzählen kann. Doch das ausliegende Faltblatt nennt sie alle beim Namen – genauso wie die Bilder, die Sie hier zu sehen bekommen.

Wie Sie sicherlich wissen, kann der Künstler zwar von Brot alleine leben, doch ganz ohne Brot kann er nicht einmal mehr den Pinsel halten. Ich freue mich, dass es Menschen gibt, die mich fördern, mich in meiner Arbeit unterstützen und nicht in erster Linie an Profit und Rendite denken.

Werbung in eigener Sache.

Und schließlich und endlich danke ich Ihnen, dass Sie heute Abend gekommen sind. Die Bilder, die Sie hier sehen, sind käuflich zu erwerben, was um Gottes willen keine Aufforderung sein soll. Aber vielleicht entdecken Sie etwas, was Ihre Seele berührt, oder etwas, was Ihnen einfach nur so gut gefällt, dass Sie ihm in den eigenen vier Wänden ein neues Zuhause geben wollen. Ich würde mich freuen.

Sollte dem nicht so sein, dann lassen Sie sich wenigstens den Sekt und die Häppchen – vielen Dank den netten Leuten von »Tischlein deck dich« – schmecken und freuen Sie sich, dass Sie hier einigen interessanten Leuten in angenehmer Atmosphäre begegnen können. Zumindest dafür nämlich kann ich garantieren.
Und nun viel Spaß mit dem Jazztrio »So what?«, das uns den Abend bereichern wird, und bei vielen guten Gesprächen.

Jubiläumsreden

Jubiläumsreden sind recht dankbar.
Alles ist festlich gestimmt, man will keine
Probleme aufs Auge gedrückt bekommen,
sondern miteinander feiern. Von daher
sollte eine solche Rede kurz sein,
optimistisch stimmen und bestenfalls
am Rande mahnende Zwischentöne
enthalten.

Dankesrede einer Vertreterin aus Kommune, Politik oder Wirtschaft anlässlich eines Firmenjubiläums

Sehr geehrter Herr Direktor Müller, sehr geehrte Damen und Herren der Geschäftsleitung, sehr geehrte Mitarbeiterinnen und Mitarbeiter, meine Damen und Herren,

Verblüffender Einstieg.

vor zehn Jahren – ziemlich genau um diese Zeit – habe ich mich furchtbar gefreut. Ich bin sogar aus dem Haus gelaufen und bin meiner Nachbarin in die Arme gefallen. Und dann hab ich eine Flasche Sekt aufgemacht. Vor zehn Jahren ist die deutsche Fußballnationalmannschaft nämlich Weltmeister geworden. War toll, oder?
Ebenfalls vor zehn Jahren – also 1990 – ist dieses Unternehmen gegründet worden. Und für Sie, die Sie jetzt hier vor mir sitzen, war dieses Ereignis sicherlich bedeutender als der von Andi Brehme verwandelte Elfmeter im Endspiel gegen Argentinien. Und mit Ihrer Wertung liegen Sie auch völlig richtig. Denn sportlicher Ruhm ist schnelllebig und höchst vergänglich. Der Ruhm einer Firma jedoch wächst immer weiter.

Erfolgsmeldung, Bezüge zum Einstiegs-Thema.

Sie haben Erstaunliches vollbracht. Sie haben sich mit fairen Mitteln, durch harte Arbeit, durch Kreativität, Fleiß, Engagement und Willensstärke auf einem hart umkämpften Markt behauptet. Sie dürfen mit sich selbst mehr als zufrieden sein.

Rückblick auf die Ausgangssituation.

Denken wir doch einmal an 1990 zurück. Die wirtschaftlichen Rahmenbedingungen waren alles andere als rosig. Die Arbeitslosenzahlen wollten gar nicht mehr aufhören zu wachsen, die Konjunktur dümpelte dahin, der DAX krabbelte müde umher, und allenthalben sprach man von Perspektivlosigkeit, der deutschen Standortkrise und den Problemen der Wiedervereinigung. Von »blühenden Landschaften« keine Spur …

Würdigung der Unternehmerleistung. Die Gründer dieses Hauses haben sich davon nicht beirren lassen. Statt sich mit einigermaßen sicheren Pfründen im Tal des Jammers zufrieden zu geben, haben Sie das Risiko der Selbstständigkeit gewählt. Sie haben Ideen und Visionen in die Tat umgesetzt, Sie haben Arbeitsplätze geschaffen, sie haben sauber gewirtschaftet und sie haben Profite erzielt.

Und nicht zuletzt haben sie auch ziemlich viele Steuern gezahlt – ein Aspekt, der in solchen Ansprachen gern übersehen wird. Für diesen seinerzeit keinesfalls selbstverständlichen Mut gebührt Ihnen heute unsere Anerkennung und unser Respekt. Ich weiß, dass Sie hohe Klippen umschiffen mussten, um dorthin zu gelangen, wo Sie heute stehen. Mir ist bewusst, dass der Weg dornenreich und holprig war. Mir ist klar, dass auch die Konkurrenz nie geschlafen hat, und ich kenne einen Teil Ihrer Sorgen, Nöte und Befürchtungen.

Doch nach zehn Jahren ist es an der Zeit, das Erreichte zu feiern, und genau deshalb sind wir heute hier. Es geht um Leistung und deren Würdigung – es geht mir schlicht um einen Glückwunsch zu Ihrer Kraft und Ihrer Energie.

Dank an Mitarbeiterinnen und Mitarbeiter. Dieses Unternehmen darf sich wahrlich glücklich schätzen. Es verfügt nicht nur über das notwendige Kapital, um seine Pläne voranzutreiben, sondern auch über einen Mitarbeiterstamm, der seinesgleichen sucht. Denn ohne das Engagement aller wäre eine Entwicklung, wie wir sie in der vergangenen Dekade erlebt haben, kaum möglich gewesen – auch den

Kolleginnen und Kollegen an den Schreibtischen und Maschinen gilt mein ausdrücklicher Respekt. Ich denke, ich kann an dieser Stelle sagen: Mit der Wahl Ihres Arbeitsplatzes haben Sie alle eine der besten Entscheidungen Ihres Lebens getroffen.

Mahnende Worte wirken durch einen »Teaser« unverkrampft.

Nun habe ich viel gewürdigt und gratuliert, daher ist es nun an der Zeit für einen kleinen Ausblick und vielleicht auch – wenn Sie's mir nicht übel nehmen – für ein paar mahnende Worte.

Ich bin der festen Überzeugung, dass wir uns an dieser Stelle in zehn Jahren wiedersehen, und ich bin mir sicher, dass wir dann nicht weniger Grund zum Feiern haben werden. Aber diese optimistische Prognose kann nur dann aufgehen, wenn sich niemand – wirklich niemand – in diesem Haus auf seinen Lorbeeren ausruht.

Stellen Sie sich den Werdegang dieser Firma als ein Etappenrennen vor: Die ersten zehn Jahre waren nur der allererste Zieleinlauf – die weiteren Etappen erfordern mindestens ebenso viel Einsatz, Leidenschaft und Kampfeswillen von Ihnen.

Wünsche für die Zukunft.

In diesem Sinne wünsche ich diesem Haus alles erdenklich Gute. Bleiben Sie Ihrer Linie treu, bleiben Sie eine leuchtende Perle in unserer Wirtschaftslandschaft und gehen Sie das neue Jahrzehnt genauso schwungvoll an, wie Sie das alte beendet haben. Dann kann eigentlich nichts schief gehen.

Chef ehrt Mitarbeiterin für langjährige Betriebszugehörigkeit

Inhalt: Laudatio
Ort: Konferenzraum
Zeitpunkt: Früher
Nachmittag
Zeit: ca. 3 Minuten

»breaking element«.

Liebe Kollegin Braun, verehrte Kolleginnen und Kollegen, liebe Gäste,
Sie kennen alle die Floskel, dass es »heute ein besonderes Vergnügen« ist, vor Ihnen zu stehen. Diesmal trifft dieser Gemeinplatz wirklich einmal zu, denn ich habe nur und ausschließlich lobende Worte zu sagen. Und das ist bekanntlich eine äußerst dankbare Aufgabe.
Zu verdanken habe ich das Ihnen, Wilma Braun. Am heutigen Tag feiern Sie Ihre 30-jährige Zugehörigkeit zu unserer Firma, und ehrlich gesagt, kann ich mir das Haus ohne Sie auch gar nicht mehr so recht vorstellen. Sie sind jemand, der unser Handwerk von der viel zitierten Pike auf gelernt hat und das – wenn ich sagen darf – unglaublich gründlich.

Die Verdienste der
Geehrten.

Liebe Wilma – ich darf Sie so ansprechen, denn wir kennen uns lange genug –, Sie waren und sind ein Vorbild für sehr viele junge Kolleginnen und Kollegen. Durch Ihr Wissen, Ihre Großherzigkeit und Sachkenntnisse, durch Ihre Geduld und Ihren nimmermüden Einsatz haben Sie mittlerweile mehrere Generationen von Mitarbeiterinnen und Mitarbeitern inspiriert.
Sie haben über drei Jahrzehnte hinweg diesem Unternehmen einen ungeheuer hohen Stellenwert in Ihrem Leben eingeräumt.

Dank und Geschenk.

Dafür möchte ich mich an dieser Stelle ganz herzlich bedanken. Ich könnte dies auch mit einer netten Karte und einem Geschenkkorb tun, aber das würde mir in Ihrem Fall nicht genügen.

Persönlichkeit der Geehrten.

Obwohl Sie den Geschenkkorb nachher auch noch bekommen, will ich in Ihrem Fall Ihre Leistungen und Ihre Verdienste einmal in aller Öffentlichkeit loben. Auch und obwohl Ihnen das wahrscheinlich gar nicht so recht sein dürfte. Sie sind ja ein bescheidener Mensch, dessen rheinisches Temperament nur dann mit Ihnen durchgeht, wenn Sie Schlamperei oder Unfähigkeit ertragen müssen.

Ihr Ruf in der Firma.

Nominell bin ich Ihr Vorgesetzter, liebe Wilma Braun, aber selbst ich würde mich hüten, in dieser Firma unter Ihren Augen irgendetwas nicht sorgfältig zu machen. So schnell, wie Sie – bildlich gesprochen – den Schraubenschlüssel werfen würden, könnte ich mich gar nicht ducken. Sie sehen also: Selbst ich und meine Vorstandskollegen haben den notwendigen Respekt vor Ihnen. Doch ist dieser verbunden mit einem tiefen Gefühl der Zuneigung und des Vertrauens.

Meine lieben Kolleginnen und Kollegen. Andere Unternehmen haben als Identifikationsobjekte irgendwelche Comicfiguren oder Leuchtreklamen. Das haben wir nicht nötig, denn wir haben mit Wilma Braun eine Frau, die Identifikations- und Integrationsfigur in einem ist. Eine Frau, die uns Ehrlichkeit, Zuverlässigkeit, Fleiß und Freude an der Arbeit vorlebt.

Ihre Unentbehrlichkeit.

Noch einmal also mein Dank an Sie, liebe Wilma – verbunden mit der Hoffnung, dass Sie diesem Haus noch möglichst lange gesund und munter erhalten bleiben. Ach ja – und noch etwas: Zu Ihrer Ruhestandsfeier möchte ich eigentlich nicht sprechen – ich hoffe inständig, die findet nie statt.
Vielen Dank fürs Zuhören und damit darf ich Sie, liebe Wilma, bitten, für ein Foto zu mir ans Pult zu kommen.

Firmeninhaberin verabschiedet verdienten Mitarbeiter

Inhalt: Rückblick,
Dank
Ort: Konferenzraum
Zeitpunkt: Im Laufe
des letzten Arbeits-
tages
Zeit: ca. 3 Minuten

Würdigung der
Betriebstreue.

Lieber Herr Winter, liebe Mitarbeiterinnen und Mitarbeiter,
16 Jahre sind eine lange Zeit. Im Berufsleben sowieso. Und in der Gastronomie ganz besonders. 16 Jahre Treue zu ein und demselben Betrieb – das ist schon fast einen Eintrag ins Guinness-Buch der Rekorde wert. Wer wie Sie so lange Zeit am gleichen Arbeitsplatz beschäftigt war, der kann auf vieles zurückblicken. Auf gute Zeiten und auf weniger gute. Auf heitere und besinnliche Ereignisse, aber auch auf Hektik und Stress. Die bleiben in unserem Gewerbe nicht aus.
Keine Frage, lieber Herr Winter: Sie haben in der Geschichte unseres Unternehmens einen festen Platz.

Zitat. Qualitäten des
Mitarbeiters.

Sie waren immer ein ruhender Pol. Napoleon hat einmal gesagt: »Wer einen Mitarbeiter sucht, sollte nicht nur die Frage prüfen: Was kann er? Sondern auch: Hat er Glück bewiesen?« Für Sie, lieber Herr Winter, trifft beides zu: Ihre Qualitäten waren unbestritten. Und das Glück, nun, das lag auf unserer Seite: Mit Ihnen hatten wir einen Küchenchef, der sich durchsetzen konnte, der nie die Ruhe verlor. Und der – was auch sehr wichtig ist – bei seinen Mitarbeitern stets geachtet und beliebt war.

Bedauern über das
Ausscheiden.

Es heißt: Ein Chef ist einer, der andere braucht. Mit Ihnen, Herr Winter, geht jemand, den ich sehr gebraucht habe. Ich bedauere deshalb Ihr Ausscheiden aus unserer Firma sehr. Aber ich habe auch Verständnis dafür, dass Sie nach so langer Zeit noch einmal etwas anderes anfangen wollen.

Im Namen aller danke ich Ihnen für die schöne und erfolg-
reiche Zeit bei uns. Und ich wünsche Ihnen, dass das gelingen
mag, was Sie sich für die Zukunft vorgenommen haben.
Vielen Dank und alles Gute!

Rede des stellvertretenden Vorstands zum Geburtstag des Vorstands

Lieber Willi, sehr geehrte Damen und Herren, liebe
Kolleginnen und Kollegen, liebe Gäste,

Mein Sohn – er ist mittlerweile auch schon 11 Jahre alt – hat
mich unlängst mal gefragt, ob ich mich alt fühle. Ich war ein
bisschen überrascht und auch – ich gebs zu – ein klein wenig
gekränkt. »Wieso – schau ich denn so alt aus?«, hab ich ihn
dann zurückgefragt, und er hat einfach »Ja, schon« gesagt
und mich dabei nachdenklich angeguckt.
Und dann wollte ichs natürlich genauer wissen und habe
ihn gefragt, woran er denn das, bitteschön, festmachen will.
»Du hast so wenig Haare, Papa«, hat er dann gesagt und
mir direkt auf die lichte Stirn geblickt. Und genau in diesem
Moment ist mir dann Willis Geburtstag eingefallen …
(Pause, vermutlich Gelächter)
Moment, meine Damen und Herren: Das hatte nicht
unbedingt etwas mit lichter werdendem Haupthaar zu tun.
Willi hat mich einfach daran erinnert, dass man
wahrscheinlich tatsächlich genauso alt ist, wie man sich fühlt
und wie man sich gibt.

Heute feierst du, lieber und verehrter Freund, Vorgesetzter
und Weggefährte, deinen 60. Geburtstag, doch wahrscheinlich

käme mein Sohn nie auf die Idee, dich als »alt« zu bezeichnen.
Zwar hat auch dein Haar heute nicht mehr die Fülle und
Spannkraft wie zu Beginn unseres gemeinsamen Weges, doch
die Dynamik, die du ausstrahlst, macht dies mehr als wett.

**Rückblick auf die
Firmengründung.**

Ich darf an dieser Stelle daran erinnern, wie Willi Kalteisen
dieses Unternehmen vor nunmehr knapp 30 Jahren aus der
Taufe gehoben hat. Es war eine Art »Bilderbuchstart« nach
ebenso gründlichen wie nervenaufreibenden Vorbereitungen.
Willi hat es von Anfang an geschafft, diesem Haus Profil zu
geben. Von seinerzeit rund 20 Mitarbeitern sind wir heute zu
einem respektablen Großbetrieb aufgestiegen – knapp 600
Menschen verdienen bei uns ihren Lebensunterhalt, und ein
Ende der Fahnenstange ist nicht in Sicht.

Es scheint alles wie selbstverständlich, doch viele in diesem
Raum ahnen nicht einmal, wie viel Schweiß, Mühe und Opfer
Willi Kalteisen für diesen Erfolg gebracht hat. Welche Energie
und Beharrlichkeit er in die Verwirklichung seiner Ziele
steckte, wie viel Lebensqualität auf der Strecke geblieben sein
muss und mit welchen Widerständen er zu kämpfen hatte.

**Der Jubilar als
Vorbild und väter-
licher Freund.**

Seit Jahren bin ich nun ein Begleiter auf diesem nicht immer
einfachen Weg, und ich habe dabei nicht nur einen Freund
und Kollegen gewonnen, sondern auch ein Vorbild gefunden:
Willi – trotz deines unglaublichen Engagements, trotz deines
starken Willens und der Kraft, die du zur Durchsetzung
unserer Ziele einsetzt, ist es dir gelungen, ein fairer, groß-
zügiger, offener und mitfühlender Mensch zu bleiben. Mit 60
Jahren soll man ja angeblich »weise« werden – Willi: Du hast
diesen Geburtstag dafür nicht gebraucht.

**Wünsche für die
Zukunft.**

Mir bleibt somit nur der Respekt vor deiner Lebensleistung und der Glückwunsch zu deinem heutigen, ganz und gar privaten Festtag. Ich kann mir nicht recht vorstellen, dass du diesem Unternehmen jemals den Rücken kehren könntest und – ehrlich gesagt – ich will es mir auch nicht vorstellen. Bleib uns noch möglichst lange erhalten, feiere schön und versuch immer wieder, ein Stück deiner Energie auf uns zu übertragen. Vielleicht sehen wir dann auch mal wieder so jung aus wie du.

Alles Gute, herzlichen Glückwunsch, Willi, und vielen Dank für die Aufmerksamkeit.

Trauerreden

Eine ganz besondere Spezies unter den Reden ist die Trauerrede. Sie ist ein letzter Gruß an den Verstorbenen und somit in den meisten Fällen dem Redner ein echtes Bedürfnis. Aber gerade weil sie meist mit starker innerer Anteilnahme einhergeht, gehört sie zu den schwierigsten Aufgaben. Im Zweifel gilt hier besonders: Lieber ein Wort zu wenig als eines zu viel.

Rede der Firmeninhaberin zur Beerdigung des Firmengründers

Diese etwas längere Trauerrede enthält Versatzstücke, die sich auch für eine kürzere Ansprache eignen.

Liebe Elfriede, liebe Ines und lieber Günter, liebe Kolleginnen und Kollegen, liebe Trauergäste,
Sterben ist bekanntlich ein Teil des menschlichen Lebens und angeblich keine Tragödie. Und dennoch fühle ich mich heute unsagbar traurig und kann gar nichts dagegen tun.
(Pause)

Persönliche Beziehung zum Verstorbenen.

Johannes Meesenbohm ist vor fünf Tagen gestorben. Aus meiner ganz persönlichen Sicht habe ich damit nicht nur einen großartigen Kollegen verloren, ein Vorbild in beruflicher Hinsicht, sondern auch einen väterlichen Freund und Ratgeber. Aber wie viel schwerer wiegt dieser Verlust für dich, Elfriede, die heute ihren lieben Mann zu Grabe tragen muss und für euch, Ines und Günter, die ihr einen liebevollen und fürsorglichen Vater verliert.

Anteilnahme an der Trauer der Angehörigen

Es ist keine Floskel, wenn ich an dieser Stelle sage, dass ich mit euch fühle – dass euer Mann und Vater einer der großartigsten Menschen war, denen ich je begegnen durfte.

Leistung des Verstorbenen im Beruf.

Johannes Meesenbohm hat mich vor vielen, vielen Jahren unter seine Fittiche genommen. Er hat mir mehr gezeigt und mich mehr gelehrt, als alle Schulen und Universitäten es je vermocht haben – er war für mich die Verkörperung der Tüchtigkeit, des Willens und des Anstands. Seine Erfolge als Unternehmer sollen heute nicht das Thema sein, sondern vielmehr seine Menschlichkeit und seine Wärme. Lange bevor es das Schlagwort vom »sozial orientierten Unternehmer« gab, hat Johannes Meesenbohm es bereits vorgelebt. Nicht nur ich war einer seiner Ziehsöhne. Generationen von Angestellten profitierten von seiner Fairness und seiner Güte. In seinem Betrieb war jeder wichtig und jeder konnte bei ihm Gehör finden. Keine Angelegenheit war ihm zu klein, keine Unzufriedenheit blieb ihm verborgen und keinen Kummer schätzte er zu gering. Er hat gelobt und getröstet, er hat getadelt und ermahnt – aber niemals hat er wissentlich gekränkt oder jemandem wehgetan.

Er war kein Heiliger, und ich werde mich stets gerne an gemeinsame Abende erinnern, in denen das Feiern vor der Arbeit rangierte. Er war einfach nur ein wirklich guter Mensch, den ich schrecklich vermissen werde.

Seine Familie.

Liebe Elfriede, liebe Kinder, die ihr heute keine Kinder mehr seid. Ich habe nur Worte, um euch zu sagen, dass euer Mann und Vater ein bewundernswertes Leben geführt hat. Er war – wie ich aus vielen, vielen Gesprächen ganz genau weiß – unglaublich stolz auf seine Familie. Er hat mehr Liebe in sich gehabt als die meisten Menschen, die ich kenne, und ich bin sicher, ihr habt diese Liebe gespürt.

**Zukunft:
Die Erinnerung
wach halten.**

Ich trauere mit euch und fühle den Verlust. Und ich weiß, dass ihr ihm – genau wie ich und genau wie alle hier Versammelten – einen Platz in eurem Herzen bewahren werdet. Denn dann ist Johannes Meesenbohm nicht wirklich fort – dann hat er sich nur an einen anderen Ort zurückgezogen und guckt uns allen zu, wie wir in seinem Sinne das Leben meistern.

Ich danke Ihnen.

Rede eines leitenden Angestellten zum Tod eines Mitarbeiters

Verehrte Trauergemeinde,
wir stehen hier bestürzt und fassungslos am Grab unseres von uns allen hoch geschätzten Mitarbeiters Heinz Strahtmann, der, noch voller Tatenfreude und Elan, so tragisch aus seinem und unserem Leben gerissen wurde.

Mit ihm verlieren wir einen unserer besten und begabtesten Kollegen, einen, der stets anpackte, vor keinem Problem zurückschreckte, sondern mit allen gemeinsam nach einer Lösung suchte. Dabei beschritt er auch so manches Mal ungewöhnliche Wege – wir haben seiner Kreativität und seinem Forschergeist sehr viel zu verdanken.
(Pause)
Liebe Familie Strathmann, es ist schwer, tröstende Worte in dieser Stunde des Abschieds zu finden. Wir alle hier teilen Ihre Trauer um den Verlust eines großherzigen und liebenswerten Familienvaters, Ehemanns, Bruders und Freundes. Uns allen war er ein aufmerksamer und vorbildlicher Kollege, den wir nicht vergessen werden. Lieber Heinz, du wirst uns fehlen.

Das Profi-Training

Wer einmal die so genannte
Begrüßungsklippe erfolgreich umschifft
hat, der kann sich auch an ausführlichere
programmatische Reden wagen. Im
Folgenden finden Sie sowohl kürzere
komplette Reden als auch Auszüge aus
langen Reden, die ich zum Teil mit
entsprechenden Erläuterungen versehen
habe. Diese kursiv gehaltenen
Erläuterungen sollen Ihnen Eigenheiten
deutlich machen, die sich exemplarisch
mehr oder weniger für jede Rede
anwenden lassen.

Komplette Reden

Inhalt: Motivation
der Arbeitnehmer
Ort: z. B. die Kantine
Zeitpunkt: Vor der
Betriebsratswahl
Zeit: ca. 2 Minuten

Redner spricht
Vorurteile des
Auditoriums an ...

Rede des Unternehmers aus Anlass der Betriebsratswahl

Liebe Mitarbeiterinnen und Mitarbeiter,
so mancher von Ihnen mag sich wundern, dass ich mich
anlässlich der diesjährigen Betriebsratswahl an Sie wende.
Sind Unternehmer wie ich und Betriebsräte nicht natürliche
Feinde? Muss ich nicht versuchen, die Etablierung einer Inter-
essenvertretung der Mitarbeiterschaft zu bekämpfen oder gar
zu verhindern?

... und begründet
sein Interesse an
einem Betriebsrat.

Vergessen Sie bitte all diese Klischees. In diesem Unternehmen
bedeutet die Mitgliedschaft im Betriebsrat die Übernahme von
Verantwortung. Verantwortung für einen fairen Umgang
miteinander, für ein gutes Arbeitsklima, für Motivation, für
Offenheit und Transparenz. Ich wäre ein schlechter Unternehmer, wenn ich die Vorteile, die eine solche Einrichtung mit
sich bringt, nicht nutzen würde. Ein zufriedener Arbeitnehmer
– egal ob Arbeiter oder Angestellter – ist in der Regel ein
motivierter, ein leistungsstarker Mitarbeiter. Und daran – das
dürfen Sie mir glauben – ist dieser Firma immer gelegen.

Aufruf zur Wahl.

So bitte ich Sie also heute ganz formell: Beteiligen Sie sich an
dieser Wahl, machen Sie sich Gedanken, was Sie von Ihren
Interessenvertretern erwarten, und machen Sie dann Ihr
Kreuzchen.
Ich wünsche und erhoffe mir von Ihrer Wahl neue Impulse
und Anregungen für die Zukunft dieser Firma. Enttäuschen
Sie mich nicht. Danke für Ihre Aufmerksamkeit.

Jugendsprecherin einer Partei gibt ihr Amt auf

Inhalt: Rückblick,
Rücktritt

Ort: Gaststätte

Zeitpunkt: Vor den
Neuwahlen

Zeit: ca. 4,5 Minuten

Liebe Parteifreunde (Genossen und Genossinnen o. ä.) und Weggefährten, liebe Gäste, sehr geehrter Vertreter der Presse, zu unserer ersten Jahreshauptversammlung darf ich Sie im Namen der Jungsozialisten (Jungen Union, Jungen Liberalen usw.) herzlich begrüßen. Mein besonderer Gruß gilt ... *(Nennung der Honoratioren vom Bundestagsabgeordneten bis zum Ortsvorsitzenden sowie der Mitglieder).*

Rückblick auf
Arbeitsgemeinschaft.
Auflockerung durch
Umgangssprache.

Seit rund einem Jahr besteht nun unsere Arbeitsgemeinschaft, und ich möchte behaupten, dass wir im Rahmen unserer Möglichkeiten Einiges geleistet haben. Besonders hervorgetan haben sich hier Franz und Hubert, die auch auf Kreis- und Bezirksebene mitmischen und durch ihr Engagement den Ruf unserer jungen Organisation ziemlich aufpoliert haben. Auf einer politischen Tagung traf ich kürzlich den Bezirksvorsitzenden der Konkurrenzpartei, der sich beeindruckt über die beiden geäußert hat, obwohl sie ihm in diversen Gremien das Leben schwer machen.

Kritische
Auseinandersetzung
mit Partei-
organisation.

Selbstverständlich stand unsere Arbeit in diesem Jahr im Zeichen der Landtagswahl. Und dieser Wahlkampf hat uns Junge sicher mehr an Zeit gekostet als so manche der älteren Parteimitglieder, die ansonsten gern bei der Hand sind, wenn es darum geht, uns, den Jungen, einen Maulkorb umzubinden. Aber über parteiinterne Kritik werden wir sicher in der anschließenden Diskussion Einiges zu sagen haben. Betonen möchte ich jedoch, dass unser Ortsverbandsvorsitzender sich immer hinter uns gestellt hat. Wir fühlten uns von dir, lieber Eberhard, nie bevormundet und danken für deine Unterstützung.

**Herausstellen
eigener Aktivitäten.**

Aber wir haben nicht nur plakatiert, Flugzettel verteilt und uns auf Info-Ständen engagiert. Nein, auch mit ganz praktischen Aktionen haben wir die Bevölkerung auf unsere kleine, aber schlagfertige Truppe aufmerksam gemacht: Trotz Regen waren rund zwei Dutzend von uns bei der Umweltaktion entlang des Gemeindewaldes mit von der Partie, wo wir drei Traktoranhänger voll Unrat aufgesammelt haben. Vor allem über die positive Presseresonanz haben wir uns sehr gefreut. Und auch darüber, dass Landwirt Hans Mittermeier uns seinen Traktor nebst Anhänger zur Verfügung stellte.

In sachlicher Weise mussten wir uns im Wahlkampf mit einem Zeitungsbericht des politischen Gegners auseinander setzen, der uns vorwarf, zunehmend einen radikalen Kurs zu steuern. Leider hat die Zeitung unseren Leserbrief sinnentstellt gekürzt. Aber das kennen wir ja bereits.

**Der politische
Gegner.**

Auf unser Angebot zu einer gemeinsamen Podiumsdiskussion hat unser politischer Gegner bisher nicht geantwortet und wird dies vermutlich auch weiterhin nicht tun. Ich schätze, man setzt dort weiterhin auf Volksverdummung durch Freibier für alle.

**Rücktritt, Vorschlag
eines Nachfolgers,
Ausblick.**

Nach diesem kurzen Rückblick möchte ich euch – die meisten wissen es ja schon – noch einmal offiziell mitteilen, dass ich aus beruflichen Gründen nicht mehr für das Amt des ersten Sprechers kandidiere. Ich schlage Franz als meinen Nachfolger vor, der in den letzten Monaten bewiesen hat, welches Potenzial in ihm steckt. Selbstverständlich werde ich die Arbeitsgemeinschaft auch in Zukunft nach besten Kräften unterstützen.

Wahlspruch als
Abschluss.

Noch einmal vielen Dank für die Solidarität, die wir in den vergangenen Monaten erfahren durften. Das macht uns Mut, auch künftig engagiert zu arbeiten. Als mündige Bürger für mündige Bürger.

Dankesrede eines gewählten Partei-Ortsvorstandes

Inhalt: Dank und
Ausblick
Ort: Versammlungs-
halle
Zeitpunkt: Im An-
schluss an die Wahl
Zeit: ca. 4,5 Minuten

Liebe Parteifreunde (*Genossinnen und Genossen o. ä.*) und Weggefährten, meine Damen und Herren von der Presse, bevor ich mich bei Ihnen für das in mich gesetzte Vertrauen bedanke, möchte ich Ihnen erklären, welche Hoffnungen und Vorstellungen ich mit meiner Kandidatur verbunden habe. Denn mein Programm – dessen bin ich mir sicher – kennen Sie zur Genüge und ich will Sie keinesfalls langweilen. Aber die Gedanken, die mich letztlich dazu bewogen haben, mich für dieses Amt zu bewerben, sind dem einen oder anderen höchstwahrscheinlich noch unbekannt.

Humorvolles
»breaking element«
als Einstieg.

Politik ist ja angeblich ein schmutziges Geschäft. Glaubt man dem viel gehörten Vorurteil, so sind wir Politiker einzig und allein darauf bedacht, unsere Schäfchen mittels regelmäßiger Diätenerhöhungen ins Trockene zu bringen. Angeblich bewirken wir wenig und tun so gut wie gar nichts – wir scheinen eine überholte Gattung zu sein, eine parasitäre Spezies.

Meine Damen und Herren – ich will mich an dieser Stelle nicht erdreisten, diese Meinungen in Bausch und Bogen zu verdammen. Tatsächlich haben wir Politiker in der Vergangenheit nicht immer den besten Eindruck gemacht, sicherlich ist es uns nicht immer gelungen, unsere Arbeit und unsere Ziele glaubwürdig zu vermitteln. Und ich bin der letzte, der Ihnen heute erklären wird, dass sich mit mir alles ändert. Ich erliege nicht der irrigen Auffassung, dass ein Einzelner ein System zum Besseren verändern kann.

Selbstdarstellung.

Aber ich bin der festen Überzeugung, dass Politik nicht nur aus Geschäftemacherei und halbherzigen Kompromissen besteht. Ich bin tatsächlich angetreten – und Sie werden mir den abgenutzten Ausdruck hoffentlich verzeihen – um Visionen, Ideale und Ideen so gut zu verwirklichen, wie ich es kann.

Appell an die Parteimitglieder.

Eine Partei ist nur so gut wie die einzelnen Menschen, die in ihr und für sie arbeiten. Und der Einzelne kann nur so gut sein, wie die Gruppe – in unserem Fall die Partei – ihn stützt und auffängt, ihn berät und trägt. Missverstehen Sie mich nicht: Ich erwarte keinen blinden Gehorsam, ich erwarte keine Solidaritätsbezeugungen und kein Schulterklopfen. Was ich erwarte, ist allerdings Ihre Hilfe, Ihre Unterstützung und Ihre Bereitschaft, sich zum Wohle der Demokratie und unseres Landes (*unser Region, Stadt*) einzusetzen.

Bedeutung der Ortsverbände.

Nun mögen Sie sagen, dass dies gar zu dramatische Redewendungen sind. Dass wir hier auf Landesebene (Bezirksebene, Kreisverbandsebene usw.) doch gar nicht die Möglichkeiten besitzen, um entscheidende Weichenstellungen vorzunehmen. Dieser Meinung bin ich nicht. Demokratie beginnt an der Basis. Demokratie beginnt im Kleinen. Demokratie beginnt genau hier und endet noch lange nicht in Berlin. Demokratie bedeutet, dass Menschen Meinungen austauschen, dass sie beraten und sich auf die bestmöglichen Lösungen zum Wohle aller einigen – und dass sie sich als gewählte Volksvertreter – verzeihen Sie den Ausdruck – am Abend der Schlacht noch im Spiegel anschauen können.

Politischer Stil.

Es war und ist viel von gutem Stil und von Fairness die Rede. Diese Begriffe haben wir alle zuweilen hintangestellt. Das so genannte politische Tagesgeschäft hat uns blind werden lassen für die Realitäten abseits der Politik, und wer dann gegen den Strom geschwommen ist, wurde und wird noch immer gerne als Sonderling verspottet. Ich kann Ihnen nicht versprechen, dass ich ein besserer Mensch bin oder ein besserer Mandatsträger sein werde. Versprechen kann ich Ihnen allerdings, dass ich zumindest versuchen werde, das Streben nach Machterhalt niemals über die Visionen und Ideale zu stellen.

Dank und Annahme der Wahl.

Somit danke ich Ihnen also sehr herzlich für das Vertrauen, das Sie mir durch Ihre Wahl entgegen bringen. Ich danke Ihnen, dass Sie mir die Möglichkeit geben, mich zu bewähren und ich versichere Ihnen, mich voll und ganz für unsere Ziele – die auch die meinen sind – einzusetzen und zu engagieren. Ich nehme die Wahl an.

Kommentierte Reden

Mittelständischer Vorstand spricht bei Bilanzpressekonferenz

Die folgende Rede wird anlässlich einer Bilanzpressekonferenz eines mittelständischen Unternehmens gehalten. Redner ist einer der drei Vorstände, der eine schwierige Aufgabe zu bewältigen hat. Sein Unternehmen ist durch Gerüchte ins Gerede gekommen, und die Zahlen und Daten, die seine Vorredner präsentiert haben, sind nicht unbedingt dazu angetan, alle Bedenken zu zerstreuen. Dennoch will er eine optimistische, zuversichtliche Rede halten, die zudem den Zweck verfolgt, den kursierenden Gerüchten über eine Krise der Firma die Grundlage zu entziehen.

Meine sehr verehrten Damen und Herren,
ich sehe in Ihre Gesichter und ahne, was Sie erwarten. Zwei

Eingehen auf Vorträge haben Sie schon gehört – Vorträge, die sich mit
Vorredner. Technik und Technologien befasst haben, die vor Optimismus
strotzten, die keinen Zweifel an unseren Perspektiven ließen,
die unsere Markt- und Entwicklungschancen im
Aufwärtstrend sahen, die mit Fremdwörtern gespickt waren
und die uns eine tolle Zukunft prophezeiten. Und wie schon
im vergangenen Jahr mache ich nun wieder den Abschluss,
und von mir erwarten Sie jetzt noch eine Steigerung.

Arbeiten mit gut *(Pause)*
platzierten Pausen. Stimmts?
Vielleicht haben Sie es sich auch schon gegenseitig zugeraunt:
»Der Müller besorgt jetzt die Schlussoffensive« oder auch
»Der Müller setzt jetzt noch einen drauf. Der malt uns jetzt
seine ganze Firma rosarot an.«

In diesem Absatz konterkariert der Redner die Erwartungshaltung seiner Zuhörer, bestätigt sie aber auch indirekt. Er nimmt sich selbst ein wenig auf die Schippe und baut eine gewisse Spannung auf. Die Frage, die sich jetzt dem Zuhörer stellen soll und stellt, lautet: Was wird er uns denn nun wirklich sagen?

**Versprechen der
Ehrlichkeit.**

Meine Damen, meine Herren – ich muss Sie enttäuschen. In diesem Jahr sehe ich meine Aufgabe nicht als »Pusher«. Ich werde Sie verschonen mit Euphorie und unternehmerischer Begeisterung. Ich werde Sie stattdessen mit unverhoffter und – sofern Sie häufig auf Bilanzpressekonferenzen sind – auch unerwarteter Ehrlichkeit überraschen. Sind Sie bereit? Gut!
(Pause, Sammeln, langer Blick zum Blatt)
Das vergangene Jahr war für unser Unternehmen nicht einfach. Stopp – noch ehrlicher: Es war sogar sehr schwierig. Wir haben ein Defizit von rund 10,5 Millionen Euro eingefahren. Für mich sind das keine »Peanuts«. Unser Börsenkurs lässt sich – wenn man es freundlich formulieren mag – bestenfalls als stabile Seitwärtsbewegung beschreiben.

**Verhaltener
Optimismus.**

Glauben Sie bitte nicht, dass ich das wegdiskutieren oder schönreden will. Gut, wir haben wieder ein deutliches Plus in Sachen Umsatz, wir haben zwei hervorragende Akquisitionen getätigt, und wir haben unsere Position als »global player« ausgeweitet. Das ist schön, aber können wir damit zufrieden sein? Die Antwort werden Sie mir am Ende dieser Pressekonferenz geben müssen.
Zuvor jedoch will ich Sie noch mit einigen Fakten und Ansichten konfrontieren.

In diesem Absatz kommt der Redner nun zur Sache. Allerdings tut er das in einer beinahe »nonchalanten« Form. Er wirkt eher zurückhaltend und zweifelnd, möchte scheinbar unter allen Umständen den Eindruck übertriebener Zuversicht und Prahlerei vermeiden. Er bleibt seiner Ankündigung, nichts »rosarot« malen zu wollen, treu, schafft aber dennoch eine positive Basis und wirbt unaufdringlich um Vertrauen. Schlüsselbegriffe sind »nicht wegdiskutieren« und »schönreden« sowie die rhetorische Frage, ob »wir damit zufrieden sein können«.

Aufgreifen von Kritik-punkten. Wir mussten uns in der Fachpresse in den vergangenen Monaten viele Vorwürfe gefallen lassen. Wir hätten – so stand dort offen oder auch zwischen den Zeilen zu lesen – Erwartungen geweckt und Versprechungen gemacht, die teilweise nicht eingehalten und eingelöst wurden. Man stellte uns die Frage, ob wir nicht selbst dafür Sorge zu tragen hätten, dass der Kurs der Aktie gepusht wird, und schließlich und endlich wurde uns auch der Vorwurf nicht erspart, wir seien eine Art »Bauchladen«, dem es an Übersichtlichkeit und Konzentrationsfähigkeit auf die wesentlichen Geschäftsfelder mangele.

Auch dieser Absatz unterstreicht die Ankündigung, der Redner wolle ehrlich und offen sprechen. Er scheut sich scheinbar nicht, konkrete Vorwürfe anzusprechen – nennt sie allerdings nicht exakt beim Namen. Er erweckt beim Zuhörer den Eindruck, dass jedermann von diesen Vorwürfen gehört haben müsse; gleichzeitig erhält das Publikum allerdings keine Anhaltspunkte, worum es sich genau handelt. Das Auditorium bekommt folgerichtig die Vorstellung von »dubiosen Gerüchten« und zweifelhaften Anschuldigungen, ohne sich dessen wirklich bewusst zu werden.

Diese Methode empfiehlt sich nur für den fortgeschrittenen Redner, da sie natürlich die Gefahr birgt, darauf »festgenagelt« zu werden. Eine gewisse Souveränität und selbstbewusste Körpersprache sind Voraussetzung für den Erfolg einer derartigen Passage.

Ähnliches gilt auch für den folgenden Teil einer Rede, die anlässlich der Krisensitzung einer großen Bank gehalten wird. Auch hier muss sich der Sprecher der Geschäftsleitung gegen diverse Vorwürfe und Anschuldigungen wehren. Auch er schlägt nicht blind zurück, sondern kontert mit einer Mischung aus Fakten und Optimismus.

Vorstand einer Bank steht Rede und Antwort bei Krisenkonferenz

Meine Damen und Herren,

Gezielter Einsatz von Schlagworten. »Teaser«.

an den Vorwürfen, die in den letzten Tagen durch die Presse geisterten, ist so manches richtig und beinahe gar nichts wahr. Die Veröffentlichungen belegen unserer Ansicht nach nur, dass der Markt, in dem wir uns bewegen, so schnelllebig ist, so rasant wächst und so extrem hohe Informations-Anforderungen an alle Beteiligten stellt, dass einige von Ihnen der Realität hinterherhinken. Ich möchte mich deshalb zunächst gründlich mit dem Vorwurf auseinander setzen, unser Haus tummele sich auf zu vielen verschiedenen Geschäftsfeldern.

Das Wörtchen »gründlich« ist natürlich eine Übertreibung, dient aber dazu, die Seriosität und Ernsthaftigkeit des Sprechers zu belegen.

Offensiver Umgang mit Kritik.

Fakt ist tatsächlich, dass unser Kreditinstitut seit seiner Gründung im Jahre 1958 konsequent abgelehnt hat, sich auf ein einziges Geschäftsfeld zu spezialisieren. Wir waren und sind nach wie vor der Meinung, dass unsere fachliche Kompetenz uns befähigt, mehr als nur ein Standbein zu besitzen und zu belasten. Wir verfügen über eine stabile Basis, die eben nicht nur aus einer, sondern aus mehreren Plattformen bestehen muss. An dieser Stelle möchte ich in aller Kürze noch einmal an einige dieser Geschäftsfelder erinnern, schon um den haltlosen Vorwurf der riskanten Spekulation ein für alle Mal zu entkräften.

Der Redner steigt an dieser Stelle endgültig »medias in res« ein. Es geht nun an die so genannten »harten« Fakten, wobei er sehr viel Wert und Mühe darauf gelegt und verwandt hat, diesen Einstieg so »weich« wie möglich zu gestalten. Auch in den beiden letzten Absätzen hat er zunächst noch einmal – unter dem avisierten Aspekt der Ehrlichkeit – die Vorwürfe Revue passieren lassen, sich mit einer kleinen Spitze gegen Kritiker gewehrt (die der Realität »hinterherhinken«) und leitet nun über auf die Firmenphilosophie.
Die angekündigten Einzelheiten sollen hier keine Rolle spielen.

Ich wende mich nun einem Handwerksbetrieb zu. In einer Betriebsversammlung versucht die Rednerin mit der folgenden Ansprache, aus der ich einige relevante Teile »herausgepickt« habe, ihre Belegschaft und Teile der Öffentlichkeit davon zu überzeugen, dass die Firma auf dem richtigen Weg ist.

Geschäftsführerin eines Handwerksbetriebs zieht Bilanz

Einstieg mit fachspezifischen Aussagen.

Meine sehr verehrten Damen und Herren, lassen Sie mich zunächst dem Geschäftsbereich »Ex und Hopp« – kurz EHO – zuwenden. Sogar Konkurrenten bezeichnen diesen Bereich als Kernkompetenz unserer Firma, und da will ich nicht widersprechen. Basierend auf der von uns entwickelten XY-Technologie – kurz XYT – gelingt es uns im Dienste unserer Kunden, die drei wesentlichen Kernbereiche der linearen Verarbeitung von Polymeren in einen einzigen Arbeitsablauf zu integrieren und aufeinander abzustimmen.
(Pause)

Das klingt jetzt arg rätselhaft, oder?
(Blick in die Runde)
Lassen Sie es mich klarer formulieren: XYT basiert auf dem
allseits bekannten und beliebten ABC-Konzept, mit dem die
verschiedensten Aufgaben …

*An dieser Stelle folgt eine Reihe von Möglichkeiten und Optionen, verbunden mit
einem kleinen Seitenhieb auf die prominente Konkurrenz, was für unser Buch wenig
zur Sache tut. Geschickt wird jedoch die Erwähnung der Konkurrenz und das damit
verbundene Eigenlob verpackt.*

**Einsatz von
markanten Schlag-
wörtern.**

All diese Restriktionen werden Sie bei uns nicht finden.
Unsere Vorteile heißen Flexibilität, Geschwindigkeit und
Erfahrungsvorsprung.

*Nun folgt eine endlose Faktenauflistung, verbunden mit dem Verständnis für
offensichtliche und zwangsläufige »Wissenslücken« beim Hörer. Die Rednerin
bemüht sich augenscheinlich, den komplexen Sachverhalt so einfach wie möglich
darzustellen. Ob es ihr tatsächlich gelingt und ob es auch tatsächlich beabsichtigt
war, ist in diesem Zusammenhang zweitrangig. Das Publikum akzeptiert und
honoriert das »Bemühen«, mit »ins Boot geholt« zu werden. Ich erspare Ihnen
jedoch die Details.*

Viel zu bieten haben wir auch im Bereich der »Dingsbums«,
in dem wir unsere »Zackzack« zusammengefasst haben. Dabei
handelt es sich um homogen aufeinander abgestimmte Kon-
zepte, die für eine reibungslose Anbindung unserer Produkte
an die bestehenden Betriebseinrichtungen unserer Kunden
sorgen. Es bedarf nur wenig Fantasie, um sich vorzustellen,
dass wir damit einen stetig wachsenden Markt beliefern. Und
wieder einmal heißt unser Vorteil FLEXIBILITÄT.

Dieser Absatz bietet an und für sich lediglich thematische Schwerpunkte, schließt aber mit einem rhetorischen Kniff. Mit dem Schlagwort »Flexibilität« führt die Rednerin aus der »Sackgasse« der reinen technischen Begrifflichkeit hinaus und wendet sich wieder einem leichter verständlichen, allgemeinen Begriff zu. Die Zuhörer danken es ihr durch schlagartig erhöhte Aufmerksamkeit, da ein branchenfremdes Publikum nun ein Wort vorfindet, mit dem es – nach längerer Durststrecke – wieder etwas anfangen kann.

Auch in dem folgenden Redebeispiel geht es um diverse Probleme. Manchmal muss sich ein Firmensprecher, ein Vorstand oder ein leitender Angestellter gegen Vorwürfe oder Unterstellungen wehren, manchmal sollen Mitarbeiter motiviert und zuweilen auch eingeschüchtert werden. Gemeinsam ist diesen Redeversatzstücken eine gewisse Aggressivität, eine Dynamik, die gründlich geübt werden muss und die durchaus auch ihre Risiken birgt. Gerade in aggressiven Reden nämlich kommt der exakten Wortwahl eine nicht zu unterschätzende Bedeutung bei.
Die folgende Rede besitzt durch die Ereignisse der letzten Monate auf dem »Neuen Markt« ein sehr hohes Wahrscheinlichkeits-Potenzial, ist in dieser Form jedoch nicht gehalten worden.

Motivationsrede eines Firmeninhabers der IT-Branche

Meine Damen und Herren, sehr verehrte Kolleginnen und Kollegen,

Emotionaler Einstieg. es gibt nicht viele Dinge, die mich auf die Palme bringen. Um mich ärgerlich zu machen, muss man schon ziemlich schwere Geschütze auffahren. Und es bedarf wahrhaft einigen Aufwands, um mich richtig sauer werden zu lassen. Aber heute Abend haben Sie als die hier Anwesenden das zweifelhafte Privileg, mich so richtig wütend zu erleben. Ich darf Ihnen versichern, dass das auch für mich kein ungetrübtes Vergnügen ist.

Anflug von Humor. Nun fragen Sie sich höchstwahrscheinlich, was mich so wütend gemacht hat. Es war nicht das klägliche Abschneiden der deutschen Nationalkicker beim gestrigen Länderspiel. Das darf ich schon mal vorausschicken. Nein: Die Ursache meiner Wut ist in unserem eigenen Haus zu suchen. Meine Damen und Herren, ich bringe es mal auf den Punkt: Ich habe endgültig genug von der eifrig blubbernden Gerüchteküche. Oder wenn Sie mir diese verbale Entgleisung gestatten: Ich habe die Schnauze richtig voll.

Ein Einstieg »in die Vollen«. Der Redner rüttelt auf, weckt nicht nur Interesse, sondern fast eine Art ungläubiges Staunen. Mit einem solch »brachialen« Einstieg rechnet kaum jemand. Dennoch verbucht er bereits den ersten Punkt auf der »Humorskala«: Der Hinweis auf die »deutschen Nationalkicker« sorgt für einen winzigen Augenblick der Entspannung. Ansonsten ist die Wortwahl – vor allem eingedenk der Stellung des Redners – fast rüde zu nennen.

Ursachen der Wut. Was mir in den letzten Tagen, Wochen und Monaten an Gerüchten, Verleumdungen und barem Unsinn zu Ohren gekommen ist, spottet jeder Beschreibung. In unserem eigenen Haus, in einem Unternehmen, das ich als mein Lebenswerk bezeichne, in einer Firma, für die ich mich mit ganzem Einsatz engagiere – genau hier muss ich Gerüchte hören wie »PC-time ist doch schon längst pleite«, »Wir sind zahlungsunfähig« und »Wir schaffen es doch nie.« Wohlgemerkt : Das sind keine Phrasen, die ich in schlecht beleuchteten Seitenstraßen aufgeschnappt habe. Das ist hausgemachter Wortmüll der übelsten Art. Das ist – wie der Amerikaner so schön sagt – »internal trashtalk«. Und genau deswegen bin ich so sehr wütend.

Schlüsselworte sind hier »Verleumdungen«, »Unsinn« und »Lebenswerk«. Der Sprecher setzt Kontrapunkte: Auf der einen Seite die »üblen Verdächtigungen«, auf der anderen Seite das »Produkt seines Lebens«. Schlechtes Gewissen wird erstmals angemahnt.

Bei aggressiven Reden müssen Sie genau auf Ihre Wortwahl achten.

Ich zweifle, meine Damen und Herren – ich zweifle entschieden. Jeder, der die Gesetzmäßigkeiten des Wertpapierhandels kennt, weiß um dessen Unbeständigkeit. Jeder, der sich jemals mit Geldanlagen, Aktien, Fonds und Kursen beschäftigt hat, kennt die Unwägbarkeiten. Niemand – aber auch wirklich niemand – durfte von der PC-time den Sturm auf den Gipfel des Neuen Marktes erwarten. Dafür waren wir damals noch nicht reif und wir sind es heute immer noch nicht. Sollte irgendjemand das anders sehen, dann empfehle ich dringend einige Nachhilfestunden in Betriebswirtschaftslehre. Manchmal kann die Schulbank noch ganz hilfreich sein.

Uiiii – jetzt wird es heftig! Ohne dass Namen genannt werden, werden Schuldige ausgemacht und an den Pranger gestellt. Jeder, aber auch wirklich jeder, wird nunmehr aufgefordert, das eigene Gewissen zu überprüfen und die eigene Einstellung zum Unternehmen zu hinterfragen. In diesem Stil geht die Rede weiter – noch geschlagene zehn Minuten lang. Der Sprecher zieht alle Register und erspart seinen Angestellten kein Detail. Ganz am Ende allerdings packt er dann doch noch die Samthandschuhe aus und verteilt ein wenig Lob. Der Effekt? Nun – die beißende Kritik wird hängen bleiben, doch durch die besänftigenden Worte am Schluss verliert der Redner keine Sympathiepunkte, sondern es dominiert der Eindruck: »Das musste ja auch mal gesagt werden« und »Es ist ihm sicher nicht leicht gefallen, so deutlich zu werden. Eigentlich ist er ja doch gar nicht so übel …«

Eine ähnliche Thematik erleben wir beim folgenden Textbeispiel. Hier muss sich der Ortsverbandsvorsitzende einer Partei rechtfertigen. Das Wahlergebnis war nicht so, wie man es sich vorgestellt hatte, die Presse sparte nicht mit Häme, und auch aus den eigenen Reihen kam verhaltene Kritik an der Wahlkampfstrategie ...

Ein Parteivorstand rechtfertigt sich für verlorene Wahl

Meine Damen und Herren,
der eine oder andere mag sich nun denken: »Was will der Scholze denn von uns? Was geht mich das eigentlich an?« Ich erkläre es Ihnen gerne: Ein wichtiger Aspekt unseres Absturzes in der Wählergunst war und ist unsere Außenwirkung. Auch da kann ich Ihre Einwände buchstäblich schon hören. »Ja, ist denn nicht der Parteivorstand für die Außenwirkung verantwortlich?« mögen Sie sich fragen und haben damit auch sicherlich nicht ganz Unrecht.

Beziehen einer deutlichen Position. Aber die Präsenz der Partei hier in Hintertupfingen nur am Vorstand festzumachen ist ebenso kleinkariert wie falsch. Wenn Sie so denken, dann haben Sie weder unsere Ziele noch die Gesetze der politischen Landschaft dieser Region verstanden. Noch deutlicher: Wenn Sie so denken, dann sind Sie bei uns fehl am Platze.

Der Absatz beginnt scheinbar verbindlich, doch ist dies nur eine kurze »Verschnaufpause«. Der Redner gibt seinem Publikum Zeit zum Durchatmen, deutet eigene Fehler kurz an, um dann aber einen umso größeren Hammer auszupacken: »Dann sind Sie bei uns fehl am Platze!« Das ist eine klare Kampfansage an Nörgler und Miesmacher – der Redner hat den Fehdehandschuh in den Ring geworfen.

Massive Vorwürfe. Außenwirkung, meine Damen und Herren, beginnt nämlich innen. Wir alle, die wir hier sitzen, führen mehr oder weniger auch ein Privatleben. Wir plaudern und unterhalten uns, wir tauschen Meinungen aus und diskutieren über verschiedene Themen. Ich bin wirklich der Letzte, der Ihnen Kommunikation verbieten möchte. Wogegen ich aber ganz entschieden Einspruch einlege, ist die permanente Verbreitung von Latrinenparolen.

Wiederum wird am Ende des Absatzes ein schwerer Vorwurf erhoben – noch entlässt der Redner sein Publikum nicht aus dem Gefühl der kollektiven Scham.

Verweis auf Schlagkraft. Vor wenigen Wochen haben wir unser Parteiprogramm verabschiedet. Das war kein leichtes Brot für uns, denn dort saßen Pressevertreter, denen schlechte Nachrichten immer lieber sind als gute. Kein Wunder: »Bad news« sind gut für die Auflagen. Trotzdem: Es ist dem Vorstand gelungen, diesen Parteitag ohne Blutvergießen, ohne größeren Ärger und ohne schlechte Presse zu überstehen. Nicht etwa, weil wir besonders um Sympathien geworben oder weil wir unsere Gäste mit Kaffee und Kuchen bewirtet haben. Nein, es ist uns gelungen, weil unsere Argumente überzeugend waren, weil wir erschöpfend und sachlich diskutiert haben, weil Argumente ausgetauscht und unsere programmatische Linie am Ende von 96,4 % der Delegierten für die richtige gehalten wurde. Selbst einige unserer ärgsten Kritiker konnten wir überzeugen. Wieso wird nun auf Grund einer einzigen Wahlniederlage die Arbeit von Jahren in diesem Ortsverband systematisch zunichte gemacht?

Warum nur? Warum? Der Redner leistet jetzt Überzeugungsarbeit. Mittlerweile müsste das gesamte Auditorium von seiner Empörung und seiner moralischen Rechtschaffenheit überzeugt sein, nun ist es an der Zeit, positive Fakten zu präsentieren. Er tut dies in verschlüsselter Form mit dem Hinweis auf andere (Kritiker), nimmt sich aber am Ende dieser Zeilen auch das Recht heraus, die »Kurzsichtigkeit« der eigenen Umgebung anzuprangern.

Die folgende Passage ist einer Kandidatenkür entlehnt. Eine Bewerberin hat sich knapp gegen einen Konkurrenten um einen wichtigen Posten in der Landespartei durchgesetzt. Ihr Anliegen ist komplex: Einerseits freut sie sich über ihren Sieg, andererseits muss sie ihrem Widersacher Respekt zollen, und gleichzeitig soll sie ihren innerparteilichen Gegnern deren Grenzen aufzeigen, aber auch Pluspunkte bei ihnen sammeln. Unlösbar? Aber nicht doch …

Antrittsrede einer frisch gewählten Parteivorsitzenden

Meine sehr verehrten Damen und Herren, liebe Parteimitglieder,

Rednerin markiert ihren Standpunkt.

ich sage es an dieser Stelle in aller Deutlichkeit. Ich werde in Zukunft nicht mehr zögern, mich von Ja-Sagern und Honigträuflern zu trennen. Eine lebendige Partei lebt von einer lebendigen Diskussion. Ich bin es leid, ständig irgendwelchen Phantomen hinterherzujagen, ich habe die Nase voll vom permanenten Demonstrieren selig lächelnder Einigkeit.

Der Kollege Maier und ich haben uns um ein und dasselbe Amt beworben. Wir hatten unterschiedliche Vorstellungen, und wir hatten und haben vielleicht unterschiedliche Auffassungen. Wir haben diese hier vorgestellt, wir haben sie diskutiert und wir haben Ihnen die Wahl überlassen. Nun freue ich mich über meinen Sieg, aber ich behaupte deshalb nicht, dass der Kollege Maier ein Verlierer ist. Er hatte genauso viel Mut und genauso viel Berechtigung, hier zu stehen, wie ich. Er hatte und hat gute Argumente, Verdienste und ein Recht auf meinen und Ihren Respekt.

Rednerin demonstriert Bündnis mit dem Konkurrenten.

Meine Damen und Herren – wir haben heute wieder einmal bewiesen, dass Politik eine spannende Angelegenheit ist. Ich werde nachher zum Kollegen Maier gehen, werde ihn zu einem Bierchen einladen und wir werden in trauter Zweisamkeit besprechen, wie wir in Zukunft verfahren können. Anschließend werden wir wieder so zusammenarbeiten, dass wir eine schlagkräftige Einheit zum Wohl dieser Partei bilden, denn ich weiß, dass dies mit Hubert Maier möglich ist. Diese Schlacht ist also geschlagen, andere, weit wichtigere werden folgen. Unser Gegner sitzt nicht in dieser Halle. Unser Gegner ist rechts von uns beheimatet. Und den gilt es langfristig zu schlagen. Ich hoffe, wir diskutieren auch darüber so leidenschaftlich, wie es vorhin hier der Fall war …

Die Kandidatin gibt sich kämpferisch. »Loyalität« ist ihr ein Anliegen, das sie so geschickt zwischen den Zeilen verpackt, dass es ständig unsichtbar im Raum schwebt. Dankbar greifen die Zuhörer nach diesem Strohhalm, denn mit dieser hemdsärmeligen und scheinbar ungeheuer offenen »Menschlichkeit« kann sich fast jeder identifizieren. Nicht der harte Kampf um den Posten steht im Vordergrund, sondern die Lebendigkeit der Debatte. Jeder, der an ihr teilgenommen hat, kann denen, die nicht dabei waren, von »gelebter Demokratie« erzählen. Dies alles schwingt in den Worten der Gewählten mit.

Die folgende Rede ist der Mitarbeiterversammlung einer Telekommunikationsfirma entnommen, auf der sich auch ein Personalrat und Gewerkschaftsvertreter zu Wort meldet. Hintergrund: Die Firma will Entlassungen aussprechen, man ist sich innerhalb der Belegschaft uneinig, wie man sich zu verhalten habe. Der zitierte Gewerkschafter versucht also, ein Gefühl der Solidarität zu beschwören …

Ein Gewerkschaftsvertreter ruft Mitarbeiter zu Solidarität auf

Liebe Kolleginnen und Kollegen,
einige von euch waren doch bei dieser Personalversammlung

Redner hinterfragt das fehlende Engagement.

dabei. Haben Sie diese Ankündigungen wirklich gehört? Waren Sie nicht nur präsent, haben nicht nur einen neuen Anzug oder ein neues Kostüm spazieren getragen, sondern haben Sie wirklich ZUGEHÖRT? Ich hege auch daran gewisse Zweifel, denn ich kann hier keine Trendwende spüren. Da ist kein Aufbegehren, wie mit euch umgegangen wird, da ist keine Trotzreaktion vorhanden. Im Gegenteil: Die vorgelegten Zahlen scheinen für euch tatsächlich die absolute Wahrheit zu sein. Ich sehe hier kaum jemanden, der diesen Luftblasen widersprechen möchte. Wir waren doch vor nicht allzu langer Zeit schrecklich stolz darauf, ein funktionierendes Team zu sein. Eine Einheit. Wo ist dieser Mannschaftsgeist geblieben? Wo ist die Begeisterung von damals?

Mit diesen Worten werden zwei Fliegen mit einer Klappe geschlagen: Zum einen wird der Finger tief in die Wunde »schlechtes Gewissen« gelegt, zum anderen werden aber auch bessere Zeiten beschworen. Trendwende durch Rückbesinnung auf alte Werte und Tugenden: So etwas schafft Sympathie und Bonuspunkte.

Leistungsbereitschaft der Mitarbeiter(innen) ...

Ich würde diese Betäubung unter der Belegschaft ja verstehen, wenn es Grund zur Zuversicht gäbe. Wenn wir reihenweise tolle Abfindungen kassieren könnten. Wenn die Gehälter seit Jahren so gestiegen wären, dass wir uns keine Sorgen um die Zukunft machen müssten. Wenn die Geschäftsleitung uns eine Perspektive aufzeigen würde. Doch nichts von alledem ist der Fall. Wir haben unsere Mitarbeiterzahl im vergangenen Jahr beinahe halbiert. Wir bemühen uns redlich und nach Kräften, mit den Anforderungen des Marktes Schritt zu halten, und werden dabei von denen, die es eigentlich besser wissen müssten, im Stich gelassen. Wir versuchen seit Jahr und Tag, unsere Arbeitsbelastung in den Griff zu bekommen, bilden junge Leute aus, und viele von uns bilden sogar sich selbst auf

... und fehlende Gegenleistung des Unternehmens.

eigene Kosten weiter. Aber wenn ich die Gehaltsabrechnungen vor meinem geistigen Auge Revue passieren lasse, so kann ich Ihnen versichern, dass das bisher nicht wirklich honoriert wurde.

Was tun wir nicht alles für unsere Arbeitgeber? Was haben wir nicht schon alles für sie getan? Wie sehr verletzen sie uns, wenn sie unseren Einsatz nicht schätzen können? All dies steckt in diesem Absatz. Das schlechte Gewissen, das jeder einzelne Mitarbeiter auf Grund seines mangelnden Engagements mittlerweile haben könnte – und nach Meinung des Redners auch haben sollte – wird anhand konkreter Beispiele begründet und vertieft. Das Schlüsselwort lautet »redlich« und steht in einem unsichtbaren Kontrast zu den »Anforderungen« und »der fehlenden Perspektive«. Der Feind ist ausgemacht – das macht es leichter, sich zu solidarisieren.

Der folgende Abschnitt ist einer Rede entnommen, die die Geschäftsstellenleiterin einer größeren Einzelhandelskette im Rahmen einer betrieblichen Mitarbeiterversammlung hält. Diese soll in erster Linie dem Zweck dienen, unternehmerische Entscheidungen (Standortwechsel, längere Arbeitszeiten und vereinzelte Entlassungen) zu rechtfertigen und eventuell aufflammenden Widerstand frühzeitig zu »ersticken«. Ich steige mittendrin ein.

Die Geschäftsstellenleiterin einer großen Handelskette spricht auf der Betriebsversammlung

Schlechte Bilanz. Zugegeben: Das sind große Worte und das klingt vielleicht auch ein bisschen pathetisch. Aber dabei will ich es nicht belassen. Ich will Sie auch mit einigen Fakten und Zahlen versorgen, die Sie getrost nach außen tragen können. Wir haben im abgelaufenen Jahr einen Umsatzrückgang von sage und schreibe 23 Prozent geschrieben. Natürlich ist Etliches davon auf Akquisitionen zurückzuführen, und natürlich schlug sich dieses Umsatzminus nicht automatisch in einer Krise nieder. Die Gründe dafür habe ich eben bereits kurz angesprochen. Aber wir haben eindrucksvoll gespürt, dass auch die Konkurrenz nicht schläft, dass der Druck größer wird und dass die Geschäftsleitung ein ganz wesentliches Ziel niemals aus den Augen verlieren sollte: Innerhalb der nächsten Jahre wollen wir einer der weltweiten Marktführer in der Textil-Branche werden, und noch bin ich zuversichtlich, dass uns das auch gelingen wird – allen Miesmachern, selbst aus den eigenen Reihen, zum Trotz, die immer wieder versuchen, unser Unternehmen klein zu reden.

Grund zur Hoffnung. Worauf sich mein Optimismus gründet, wollen Sie nun vielleicht wissen? Ich verrate es Ihnen gerne: Auf Sie. Auf die

Mitarbeiterinnen und Mitarbeiter von Klettling. Denn wir haben nicht irgendwelche Leute eingestellt, sondern wir haben uns bemüht, die Besten zu holen. Und in Sachen Arbeitsleistung, Kreativität und Innovationsfähigkeit wurden wir auch nicht enttäuscht.

Aha! Ein Friedensangebot! Das Publikum ist erleichtert und nun bereit, seiner Dompteurin aus den Hand zu fressen. An keiner Stelle ist von Entlassungen die Rede, niemals werden längere Arbeitszeiten oder der Standortwechsel angesprochen. Stattdessen findet sich der Zuhörer urplötzlich mit einer ganzen Reihe von Gründen konfrontiert, die ihm diese Maßnahmen einleuchtend und notwendig erscheinen lassen, ohne dass er konkret sagen könnte, warum. Dass er am Ende dieses Absatzes auch noch explizit gelobt wird, tut ein Übriges, um die Stimmung zu heben. Wir erkennen wieder zwei typische Methoden: Zum einen wird der »Feind« erkannt (die Miesmacher, die alles »klein reden«) und zum anderen wird der »Freund« gelobt (die Anwesenden, die »höchsten Respekt« verdienen). Genau wie der vormals zitierte Gewerkschaftsvertreter bemüht die Filialleiterin also eine schlichte »Schwarz-Weiß-Zeichnung«, um sich Zustimmung zu sichern. Die ältesten Tricks sind eben immer noch die besten ...

Musterrede mit schematischem Aufbau

Es folgt die Ansprache eines Vereinsvorsitzenden im Rahmen einer Feier. In derartigen Reden wird oft unterschwellig Politik betrieben. Auch dieser Fall macht keine Ausnahme. Echte Besonderheiten hat die Rede jedoch nicht aufzuweisen, es ist eine Standardrede. Ich lege Ihnen den Aufbau deshalb in aller Kürze schon im Vorfeld dar und versehe ihn mit einer entsprechenden Nummerierung. Es handelt sich dabei um einen Aufbau, den Sie selbst für jede Rede mit positiver Grundstimmung als Gerüst verwenden können.

1 Einstieg mit Humor und Selbstironie

2 Humor und Einführung ins Thema, Werbung um Verständnis

3 Liebevoller und detaillierter Rückblick nach dem Motto: »Ach damals …«

4 Nachdenkliche Mahnung zum Abschluss

Vereinsvorsitzender spricht zur Fünfzig-Jahr-Feier

1.

Humorvoller und selbstironischer Einstieg.

Liebe Sportfreunde, liebe Förderer und Mitglieder des FC Hintertupfingen, liebe Gäste, liebe Vertreter der Presse, mit offiziellen Reden bei offiziellen Anlässen liegt man meistens ziemlich falsch. Entweder man ist übernervös, weil man nicht gewohnt ist zu reden, und verhaspelt sich dann im Bemühen, es ganz furchtbar gut zu machen. Oder man ist überzeugt, die perfekte Rede vorbereitet zu haben, quasselt endlos lange und langweilt die Zuhörer damit zu Tode.

2.

Einführung in das Thema und Werbung um Verständnis.

Also habe ich hin und her überlegt, wie ich aus dieser Misere herauskomme, und bin auf folgende Lösung gestoßen. Statt Ihnen allen jetzt weitschweifig zu erzählen, wie schön es ist, dass der Verein 50 Jahre alt wird, lasse ich lieber einfach mal die Geschichte der Fußballabteilung ein bisschen Revue passieren.

3.

Liebevoller und detaillierter Rückblick.

Los gings – das haben Sie sich wahrscheinlich schon selbst ausgerechnet – im Jahre 1951. Es war nicht unbedingt ein rasanter Start, den die Fußballer damals hingelegt haben, denn der damalige Vereinsvorsitzende Dr. Müller war nicht unbedingt ein Freund dieses Sports. Was ihn letztlich umgestimmt hat, der Abteilungsgründung zuzustimmen,

ist so genau leider nicht überliefert. Vielleicht hat er sich von
Sepp Huber überreden lassen.
Sepp Huber war schließlich nicht irgendwer, sondern ein
»richtiger, echter Fußballer« – einer, der beim 1. FC Nürnberg
sogar schon für Geld gekickt hatte, auch wenn das damals
eigentlich noch gar nicht erlaubt war und höchstens im
Flüsterton erwähnt werden durfte.
*(In diesem Stil zieht der Vorsitzende in seiner Rede ein
Resümee der vergangenen fünfzig Jahre, das wie folgt endet:)*
Die Erfolge und Misserfolge der vergangenen Jahre dürften
Ihnen allen noch in ganz guter Erinnerung sein, deswegen nur
in aller Kürze: 1990 der Aufstieg in die Bezirksliga, 1994
wurde die C-Jugend ungeschlagen Meister, und unsere vorerst
letzte Meisterschaft konnten wir 1998 feiern.

4.

**Nachdenkliche
Mahnung.**

Soweit die Chronologie in Kurzform. Lassen Sie mich
abschließend noch ein paar Worte zur Zukunft des Vereins
verlieren. Seit einigen Jahren scheint es ein wenig an Motivation zu fehlen. Mir ist klar, dass die neue Zeit viele
Veränderungen gebracht hat, dass Fußball längst nicht mehr
für alle Jugendlichen die Sportart Nummer 1 ist. Doch gerade
deshalb sollten wir uns wieder vermehrt um den Nachwuchs
kümmern, sollten die Kinder und Jugendlichen für den Sport
im Verein begeistern.
Es kann und darf eigentlich nicht wahr sein, dass es Jahr für
Jahr immer wieder die Gleichen sind, die ihre Freizeit für den
FC opfern. Wenn wir den Teamgeist, die Freude am Sport und
das gemeinschaftliche Erlebnis bewahren wollen, dann werden
wir wohl oder übel auch etwas dafür tun müssen. Ich würde
mich freuen, wenn sich der eine oder andere angesprochen
fühlt und ich kann versprechen: Arbeit gibts genug. Danke!

Anhang: Zitate, Zitate ...

Im Folgenden finden Sie kluge Worte
kluger Menschen, die Sie getrost in Ihre
Reden einbauen können, um noch ein
wenig mehr Eindruck zu schinden, als es
Ihnen vermutlich nach Beherzigung aller
Ratschläge dieses Buches ohnehin schon
gelungen ist.

Einleitungen und Einschübe

Reden sind immer schädlich. Vor dem
Essen verderben sie den Appetit,
nach dem Essen die Verdauung.
Sandro Pertini

Die Rede ist die Kunst, Glauben zu
erwecken.
Aristoteles

Die Engländer haben die Tischreden
erfunden, damit man ihr Essen vergisst.
Pierre Daninos

Dem Manne, der die Geige baut, dankt
allein der Klang.
Friedrich der Große

Leben bedeutet eine fast lückenlose
Reihe gemeinsamer Entdeckungen.
Gerhart Hauptmann

Das Leben gab den Sterblichen nichts
ohne große Arbeit.
Horaz

Viele Worte zu machen, um wenige
Gedanken mitzuteilen, ist überall
das untrügliche Zeichen von Mittel-
mäßigkeit.
Arthur Schopenhauer

Wahrheit kommt mit wenigen Worten
aus.
Lao-tse

Geistreich sein heißt sich leicht
verständlich machen, ohne deutlich zu
werden.
Jean Anouilh

Je planmäßiger die Menschen vorgehen,
desto wirksamer trifft sie der Zufall.
Friedrich Dürrenmatt

Ein Gastgeber ist wie ein Feldherr: Erst
wenn etwas schief geht, zeigt sich sein
Talent.
Horaz

Der Mensch ist das einzige Tier, das
arbeiten muss.
Immanuel Kant

Träume sind nicht Taten.
Ohne Arbeit wird dir nichts geraten.
Ernst Moritz Arndt

Arbeit und Alltag

Weine dich aus im Schmerz;
dann greif entschlossen zur Arbeit;
Was die Träne nicht löst,
löst, dich erquickend, der Schweiß.
Emanuel Geibel

Arbeit ist oft die einzige Erholung von
der Last des Daseins.
Peter Rosegger

Das ists ja, was den Menschen zieret,
und dazu ward ihm der Verstand,
dass er im innern Herzen spüret,
was er erschafft mit seiner Hand.
Friedrich von Schiller

Wer freudig tut und sich des Getanen
freut, ist glücklich.
Johann Wolfgang von Goethe

Steigst du nicht auf die Berge, so siehst
du auch nicht in die Ferne.
Chinesisches Sprichwort

Ein guter Einfall ist wie ein Hahn am
Morgen. Gleich krähen andere Hähne
mit.
Karl Heinrich Waggerl

Hast du zur Arbeit gerade Mut,
geh schnell daran, so wird sie gut;
fällt dir was ein, so schreib es auf,
ist heiß das Eisen, hämm're drauf.
Robert Reinick

Von der Stirne heiß,
rinnen muss der Schweiß,
soll das Werk den Meister loben;
doch der Segen kommt von oben.
Friedrich von Schiller

Fleiß und Erfolg

Kein Ding ist auf der Welt so hoch und
wert zu achten
als Menschen, die mit Fleiß nach keiner
Hoheit trachten.
Angelus Silesius

Fordre kein lautes Anerkennen!
Könne was, und man wird dich kennen.
Paul Heyse

Leistungsdruck wird vor allem von den
Leuten beklagt, die ihm nicht ausgesetzt
sind.
Kurt Sontheimer

Fang deine Arbeit munter an,
so ist sie auch schon halb getan.
Friedrich Rückert

Geld ist der sechste Sinn; der Mensch
muss ihn haben, denn ohne ihn kann er
die anderen fünf nicht voll ausnützen.
W. Somerset Maugham

Wirklich genießen kann man nur Geld,
das man mühsam verdient hat. Aber
wenn man sein Geld mühsam verdient,
hat man keine Zeit, es zu genießen.
Aldous Huxley

Arbeit und Fleiß, das sind die Flügel,
die führen über Strom und Hügel.
Johann Fischart

In jedem Beruf ist der erste Schritt zum
Erfolg, sich dafür zu interessieren.
Wilhelm Osler

Leute, die ihren Beruf lieben, machen
eine ständige Verjüngungskur durch.
Joseph Wachsberg

Wer sich auf seinen Lorbeeren ausruht,
trägt sie an der falschen Stelle.
Mao Tse-Tung

Die Welt ist wie ein Kram, hat Waren
ganze Haufen.
Um Arbeit stehn sie feil und sind durch
Fleiß zu kaufen.
Friedrich von Logau.

Ich möchte nicht, dass es mir so geht
wie vielen, die erst mit ihrer Gesundheit
hinter dem Geld herjagen und dann
später mit dem Geld hinter der
Gesundheit.
Gerhard Kubetschek

Prahl nicht heute: Morgen will
dieses oder das ich tun.
Schweige doch bis morgen still,
sage dann: Das tat ich nun.
Friedrich Rückert

Wer seine Arbeit so betreibt,
dass stets ein Stück für morgen bleibt,
dem schwillt die Schuld so riesig an,
dass er sie niemals tilgen kann.
Der rechte Mann begleicht sein Soll
an jedem Tage ganz und voll.
Er schläft getrost und hinterlässt
am letzten Tag den kleinsten Rest.
Carl Maria von Weber

Wer den kalten Wind nicht aushält, der
hat auf dem Gipfel nichts zu suchen.
Autor unbekannt

Jede Beförderung ist zugleich auch eine
Forderung.
Erhard Blanck

Der Weise erwägt erst seine Kraft,
bevor er etwas beginnt und schafft.
Julius Sturm

Erfolg hat der Mensch, wenn er bei 100
Entscheidungen 51 mal das Richtige
trifft.
John Pierpont Morgan

Was noch zu leisten ist, bedenke,
was du geleistet hast, das vergiss.
Marie von Ebner-Eschenbach

Ein wahrhaft großer Mann wird weder
einen Wurm zertreten noch vor dem
Kaiser kriechen.
Benjamin Franklin

Man muss den Leuten nur ein bisschen
verrückt vorkommen, dann kommt man
schon weiter.
Wilhelm Raabe

Menschlich-Allzumenschliches

Ich glaube, dass große Dinge nur aus
kleinen praktischen Dingen heraus-
wachsen, die man wirklich fertig bringt.
Teddy Kollek

Traditionen sind Bleisohlen.
Rudolf Rolfs

Auf dem richtigen Weg wird die
natürliche Veranlagung Weisheit.
Japanisches Sprichwort

Die Straße des geringsten Widerstandes
ist nur am Anfang asphaltiert.
Hans Kasper

Wenn A für Erfolg steht, gilt die Formel
A = X + Y + Z. X ist Arbeit, Y ist Muße
und Z heißt Mundhalten.
Albert Einstein

Besessenheit ist der Motor,
Verbissenheit die Bremse.
Rudolph Nurejew

Gähnen zeugt zwar von schlechten
Manieren, ist aber eine ehrliche
Meinungsäußerung.
Autor unbekannt

Witz ist eine Explosion von
gebundenem Geist.
Friedrich Schlegel

Wer lange schweigt,
wird lange für klug gehalten.
Islamisches Sprichwort

Geduld ist die Fähigkeit, die dann,
wenn man sie am meisten braucht,
erschöpft ist.
Carey MacWilliams

Man schätzt den Staub, ein wenig
übergoldet,
weit mehr als Gold, ein wenig
überstaubt.
William Shakespeare

Cleverness ist überall nützlich, aber
nirgends ausreichend.
Henry F. Amiel

Der Mensch hat Nahrungssorgen,
Familiensorgen, Fortkommenssorgen,
Ehrgeiz, Neurosen – er hat zu wichtigen
Dingen keine Zeit.
Gottfried Benn

Anständigkeit ist der Trost, der einem
nach schlechten Geschäften noch bleibt.
Helmar Nahr

Geschäft ist immer eine Kombination
von Krieg und Sport.
André Maurois

Sei am Tage mit Lust bei den
Geschäften, aber mache nur solche, dass
du des Nachts ruhig schlafen kannst.
Thomas Mann

Warum sind die zehn Gebote so einfach,
kurz und klar und für jedermann
verständlich abgefasst? Weil sie ohne
eine Kommission aufgestellt wurden.
Charles de Gaulle

Kollegen, Kollegen

Kleine Taten, die man ausführt, sind
besser als große, die man plant.
George Catlett Marschall

Menschenführung heißt, gegenseitigen
Hass in gemeinsame Schlagkraft zu
verwandeln.
Helmar Nahr

Wohl dem, dem der Himmel ein Stück
Brot beschert, wofür er keinem andern
als dem Himmel selbst zu danken
braucht.
Miguel de Cervantes

Wer sein Versprechen wiederholt, will es
brechen.
Max Halbe

Es ist mehr wert, stets die Achtung der
Menschen zu haben, als gelegentlich
ihre Bewunderung.
Jean-Jacques Rousseau

Über ein Ding wird viel geplaudert,
viel beraten und lange gezaudert,
und endlich gibt ein böses »Muss«
der Sache widrig den Beschluss.
Johann Wolfgang von Goethe

Menschen, die Einfluss auf andere
haben wollen, müssen darauf achten,
dass sie nicht zu oft zu sehen sind.
Ricarda Huch

Ein Experte ist ein Spezialist, der über
etwas alles weiß und über alles andere
nichts.
Ambrose Bierce

Die Menschen bauen zu viele Mauern
und nicht genügend Brücken.
Dominique Georges Pire

Vorgesetzte und Vorbilder

Guter Rat von guten Leuten
kann unendlich viel bedeuten,
wenn die Leute gleich daneben
auch das gute Beispiel geben.
Aus dem »Nebelspalter«

Nicht der, der kämpft, ist ein Held,
sondern der, der dort kämpft, wo ihn
niemand sieht.
Hans Lohberger

Winkt der Sterne Licht,
ledig aller Pflicht
hört der Bursch die Vesper schlagen.
Meister muss sich immer plagen.
Friedrich von Schiller

Wenn wir die Ziele wollen, brauchen
wir auch die Mittel.
Immanuel Kant

Mit einem Herren steht es gut,
der, was er befohlen, selber tut.
Johann Wolfgang von Goethe

Güte ist, wenn man das leise tut, was
die anderen laut sagen.
Friedl Beutelrock

Vertrauen ist Mut, und Treue ist Kraft.
Marie von Ebner-Eschenbach

Mitarbeiter lassen sich lieber von einer
Frau überzeugen als von einem Mann
anschreien.
Annette Winkler

Gehorchen wird jeder mit Genuss
den Frauen, den hoch geschätzten,
hingegen machen uns Verdruss
die sonstigen Vorgesetzten.
Nur wenn ein kleines Missgeschick
betrifft den Treiber und den Leiter,
dann fühlt man für den Augenblick
sich sehr befriediget und heiter.
Wilhelm Busch

Du musst nach oben schaun, zu sehn,
wie viel noch Stufen des Bessren übrig
sind,
wozu du bist berufen.
Du musst nach unten schaun,
um auch zu sehn zufrieden,
wie viel dir Bessres schon
als andern ist beschieden.
Friedrich Rückert

Es sind nie durch bloße Lehren
Menschenherzen zu bekehren.
Das gute Beispiel prägt allein
der Lehre Sinn dem Herzen ein.
Friedrich von Bodenstedt

Einen wirklich großen Mann erkennt
man an drei Dingen: Großzügigkeit im
Entwurf, Menschlichkeit in der
Ausführung und Mäßigkeit beim Erfolg.
Otto von Bismarck

Verlange von dir selber viel
und sprich zu dir: Ich will – ich soll!
Den andern aber hilf ans Ziel
und sei im Fordern nachsichtsvoll.
Heinrich Hoffmann

Säume nicht, träume nicht, wandle!
Frage nicht, klage nicht, handle!
Julius Langbehn

Gesell dich einem Besseren zu,
dass mit ihm deine Kräfte ringen!
Wer selbst nicht weiter ist als du,
der kann dich auch nicht weiterbringen.
Friedrich Rückert